« FAITES ENTRER L'ACCUSÉ »
Simone Weber, la diabolique de Nancy

CHRISTOPHE HONDELATTE
présente

« FAITES ENTRER L'ACCUSÉ »

Tome 3

Simone Weber, la diabolique de Nancy

avec la collaboration de
Florent Chevolleau et
Hugues Raffin

Michel LAFON

Du même auteur
dans la même collection :

La Josacine empoisonnée, Éditions Michel Lafon, 2005
L'Assassinat du petit Grégory, Éditions Michel Lafon, 2005

7-13, boulevard Paul-Émile Victor - Île de la Jatte
92521 Neuilly-sur-Seine Cedex

Prologue

LE MORT SANS NOM

La Marne, ce matin du 15 septembre 1985, est grise. C'est normal : ses eaux charrient le limon d'automne, les feuilles commencent à tomber et les premières pluies ont chargé le courant d'une multitude de choses. Il est loin, le temps où Maupassant et ses amis venaient canoter sur le fleuve, le chapeau sur la nuque, un brin d'herbe entre les lèvres, le veston ouvert, en compagnie de lorettes charmantes, se dit Marcel Rabeau. Ce pêcheur en villégiature cherche un bon coin pour poser ses lignes : depuis des années cet habitant de Trilport, petit village situé entre Coulommiers et Provins, vient ici le dimanche pour se délasser et, éventuellement, capturer le poisson de tous les records, la truite géante ou le silure colossal. Évidemment le record n'arrive jamais, mais qu'importe ? C'est l'acte de pêcher qui est agréable. Marcel Rabeau marche le long de la rive : il a laissé sa voiture un peu plus haut. Il n'y a personne, ce dimanche : il est encore tôt, 8 h 30. Rabeau arrive le long d'un bras mort du fleuve, il y a là un ponton qu'il connaît bien. L'endroit se nomme Le Bac, sans doute en mémoire d'une ancienne traille qui, autrefois, franchissait l'eau à cet emplacement. De là on peut voir, en aval, l'île du moulin de Poincy. Marcel Rabeau pose ses affaires, ouvre sa mallette à hameçons, choisit un appât. Il monte dans sa barque, s'apprête à accrocher la mouche sur le fil lorsque son regard se pose sur un objet qui flotte non loin de lui. Il distingue mal, de prime abord : est-ce une boîte ? Un carton ? Marcel Rabeau descend du ponton, parcourt une vingtaine de mètres : « Arrivé à hauteur de l'arbre qui est penché, j'ai vu remonter une valise sur l'eau. Cette valise était énorme et neuve. Puis ça m'a semblé bizarre. J'ai fait demi-tour, je suis revenu avec un Sandow que j'ai accroché à ma barque, et j'ai abordé. » À première vue, la valise est parfaitement banale, marron, comme celles de toutes les familles à l'heure de partir en vacances. Elle contient beaucoup, encombre peu, ne coûte pas cher. La valise résiste un peu : « J'ai vu qu'il y avait une ceinture et un poids. » Elle est lourde, il y a donc forcément quelque chose dedans. Marcel Rabeau agrippe la poignée des deux mains et hisse l'objet sur la rive, en le traînant. Sa curiosité est en éveil. Sa méfiance aussi.

Il ouvre le premier cliquet et la valise se met à

bâiller. Immédiatement, une lourde odeur de pourri le saisit à la gorge. « Il est sorti un jus un peu rosé, qui puait. Je me suis dit : “N’y touche pas.” J’ai attendu les gendarmes, que deux autres pêcheurs sont allés chercher. »

Les premiers gendarmes arrivent. Un homme se penche : « Il a mis un coup de cutter, il a ouvert le sac. Il a vu qu’il y en avait un deuxième bien scotché, puis il a vu que c’était mou dedans. Il a remis un coup de cutter et là, on a vu : c’était en décomposition, une paire de fesses ! Tout le restant d’un tronc humain… Plus de tête, plus de bras, plus de jambes. Il ne restait que le tronc. » C’est intenable : ça sent l’ordure et la décomposition, la saleté et la mort. Marcel Rabeau, instinctivement, porte la main à son visage, et recule.

Les gendarmes constatent que la valise est lourde parce qu’une ceinture pend, attachée à la poignée. Au bout de cette ceinture, encore dans l’eau, un parpaing de ciment, visiblement utilisé comme lest. La valise n’aurait pas dû remonter à la surface. Mais le coupable a mal calculé son coup : les gaz de décomposition ont fait leur œuvre, ont gonflé la valise qui s’est mise à flotter. C’est le signe d’une maladresse. Le coupable est quelqu’un de rusé, mais pas intelligent. Quelqu’un de roublard, mais peu logique. La personne qui a fait ça, se diront les enquêteurs plus tard, est organisée mais en même temps arrogante : elle croit savoir mais ne sait pas.

Le corps du mort de la Marne est rongé par la décomposition : on voit bien qu'il s'agit d'un homme, mais on a du mal à savoir s'il est de race blanche ou noire. Il est nu, ne porte aucun bijou, aucun tatouage, il est totalement anonyme. Qui est-il ? Nul ne le sait. Dans le voisinage, aucune disparition n'a été signalée. Les premières constatations sont faites : les gendarmes n'ont pas grand-chose à se mettre sous la dent. Ils se bornent à faire une description de la valise, « en skaï, sur roulettes ». Et soupèsent le parpaing, qui est creux : « C'est un parpaing de dix », souligne Marcel Rabeau. Sous le corps, les gendarmes remarquent d'autres morceaux de parpaing et quelques poignées de gravier. Ils saisissent tout, mettent les éléments sous scellés, observent que les membres et la tête ont « probablement » été sciés. Ou débités avec un engin.

Les recherches commencent. Elles n'aboutissent à rien. Le parquet de Meaux, qui a ouvert une enquête, patauge. On élargit le champ d'investigations à la région : pas de disparus. Les pompiers sont requis pour fouiller les berges et le lit de la Marne à cet endroit : peut-être retrouvera-t-on autre chose. La tête, ce serait bien. Avec les empreintes dentaires, on arriverait à identifier les malheureux. Mais non : les pompiers font chou blanc. La valise a dû être jetée en amont, le courant l'aura emportée mollement, elle aura peut-être franchi des écluses, avec des péniches. Mais il n'y a aucune certitude. Le médecin légiste autopsie le cadavre, fait part de ses conclusions : pas de poison, pas de traces de coups, une petite cicatrice qui dénote un opération de l'appendicite, voilà tout. Il fait saisir et placer les viscères dans un bocal. Le temps et la patience aideront à résoudre l'affaire, se disent les policiers. Mais il y a peu d'éléments : la peau du tronc est très abîmée, comme si elle avait été attachée ou corrodée, et il est impossible de déterminer la cause du décès. Le légiste se borne à livrer une fourchette : « Le sujet avait entre quarante et cinquante ans. » Puis une deuxième : « Mort entre le 15 août et le 1er septembre », dit-il. Sans certitude car, en fait, la mort pourrait même remonter jusqu'en juin. Tout dépend des conditions climatiques. Le cadavre a donc baigné dans la Marne au minimum un mois. C'est mince, pour une enquête. Il y a quand même une certitude : l'homme a été démembré à l'aide d'un instrument puissant. On voit les traces sur les os. Quelque chose comme une meuleuse électrique, ou une tronçonneuse. C'est tout.

Les jours passent. L'inconnu de la Marne est laissé à son triste sort : en décembre, l'affaire sera classée sans suite. Le cadavre est enterré dans le cimetière de Poincy, village discret de sept cent douze habitants. Quelque part, en France, quelqu'un pleure. Quelqu'un porte la terrible douleur d'avoir perdu un père, un frère, un mari, qui sait ?

Cette douleur-là, qui n'est pas close par le deuil, est insupportable. Car l'Inconnu est pire que la mort. La mort fait partie de l'ordre naturel des choses. Pas l'ignorance.

Il faudra attendre un an avant que quelqu'un fasse le rapprochement avec une affaire qui secoue la France, à cette époque-là : l'affaire Simone Weber, surnommée « la diabolique ». Toute une famille, en effet, attend de retrouver la trace de Bernard Hettier, disparu en juin 1985, et dont on soupçonne la maîtresse, Simone Weber, de l'avoir assassiné. Patricia Hettier, la fille du disparu, a lancé les recherches : à force d'obstination, d'entêtement, elle a tenu la machine en marche. Ce cadavre qui est découvert dans la Marne la conforte dans une affreuse certitude. L'inconnu de Poincy, elle en est certaine, c'est son père, Bernard.

Un père qui ne trouvera le repos que lorsqu'on l'aura décemment inhumé. Une fille qui ne retrouvera le goût de la vie que lorsque le meurtrier (la meurtrière ?) sera puni(e).

Première partie

L'AFFAIRE

Chapitre premier

UNE ÉTRANGE DISPARITION

En ce mois de juin 1985, le policier de garde, au commissariat de Nancy, est perplexe. Cette femme, devant lui, qui est dans tous ses états lui semble légèrement... survoltée. Elle vient signaler une disparition ? Et alors ? Des disparitions, il y en a des dizaines, tous les jours, en France. Il s'avère ensuite que, pour la plupart, ce sont des fugues ou des oublis. Le policier consent néanmoins à prendre le nom de la visiteuse, Patricia Hettier. Celle-ci insiste : son père, Bernard, un quinquagénaire conducteur d'engins à l'usine Solvay, manque à l'appel depuis plusieurs jours. Elle est certaine qu'il lui est arrivé malheur. Le policier semble peu convaincu. Au lieu de prendre en compte la souffrance de cette femme, son inquiétude aiguë, il lui dit : « Votre père est majeur, n'est-ce pas ? ». Il est majeur, en effet, mais est-ce la bonne façon de recevoir une victime ? Bref, le policier n'y croit pas.

La plainte mettra quelques jours à remonter. Et là, surprise : c'est une des plus grosses affaires criminelles qui va se jouer. L'affaire Weber. Mais, en juin, on n'en est pas encore là. Rien n'indique que, derrière cette plainte, il y a peut-être un crime barbare...

Les policiers font les premières constatations. Bernard Hettier, cinquante-cinq ans, employé tranquille, divorcé, a été vu pour la dernière fois en compagnie de sa maîtresse, Simone Weber, dont, dit-on, il cherchait à se séparer. Cette femme, une petite quinquagénaire aux allures de grand-maman gâteau, a été la dernière personne à avoir vu Bernard Hettier. Il y a eu, paraît-il, des mots entre eux. Depuis cette rencontre, plus un seul signe de vie. Bernard Hettier a simplement été effacé de la surface de la Terre. Il vivait seul rue Sainte-Barbe à Maxéville : il n'y réapparaît plus. Le jour où il a eu cette altercation avec Simone Weber, il était attendu par Monique Nus, une nouvelle amie, pour déjeuner et partir en week-end. Mais il n'est jamais venu. Et Monique Nus a reçu un étrange coup de téléphone provenant d'un inconnu qui lui a dit que Bernard Hettier avait changé d'avis, qu'elle n'avait pas besoin d'attendre. De Bernard Hettier lui-même, rien. Plus de mouvement sur son compte bancaire, plus de coups de téléphone... L'employeur de Bernard Hettier reçoit lui aussi un appel suspect, l'enjoignant de ne pas compter sur son salarié. Une ordonnance de médecin, recommandant un arrêt de travail, parvient : c'est un faux, immédiatement reconnu comme tel par le patron. Qui en fait part aux policiers. Ceux-ci, enfin, prennent la chose au sérieux. Bernard Hettier est-il séquestré ? Mort ? Simone est rapidement suspectée. Puis, peu à peu, « l'affaire Weber » gonfle, s'impose, et va bouleverser le public.

Que s'est-il passé ?

***

Tandis que la presse commence à suivre des pistes, que l'opinion publique se passionne, un homme va mener l'enquête : le juge Thiel. Cinq ans plus tard, quand il conduira l'accusée devant la justice, le portrait qu'il en fera sera au-delà de ce qu'on avait pu imaginer. Simone Weber n'est pas une petite dame sans relief, sans histoire, comme on pourrait le croire : Simone Weber a plusieurs vies, plusieurs visages. Elle a mené une existence curieuse, survivant grâce à de petits arrangements avec la légalité, collectionnant les faux papiers, allant même jusqu'à mettre en scène un faux mariage avec un octogénaire, lequel est mort dans des circonstances suspectes. Simone

Weber, pourtant, a mis au point une apparence de dame respectable : elle ressemble à l'une de ces paroissiennes à col de dentelle qui, le dimanche, gardent un œil maternel sur les petits-enfants et les gâtent de bonbons. Bref, elle est la grand-mère dont tout le monde rêve. Or, cette image n'est-elle pas une illusion ? Gilbert Thiel, au cours d'une enquête qui durera cinq ans, va tenter de comprendre l'autre aspect de cette femme. Il y a la Simone Weber séduisante à sa manière, pateline, gentille. Il y a aussi une autre Simone Weber, plus obscure. Cette Simone Weber-ci est-elle capable de meurtre ?

Les policiers, après avoir démarré mollement, mettent les bouchées doubles. La découverte du tronc de la Marne, en septembre 1985, va changer la donne. Désormais, le juge est certain de tenir le bon bout.

***

Gilbert Thiel est un homme pugnace. Grand, barbu, les traits marqués, il porte souvent une veste de tweed et semble inattentif. Mais en réalité, il enregistre tout. C'est cette combativité qui lui a valu son surnom, « le Shérif ». Dès les premières minutes de l'enquête, il sent qu'il a, en face de lui, une adversaire redoutable. Cette femme rouée, aux yeux bleus, n'est pas une sainte ni une accusée quelconque, se dit Thiel. C'est une personne hors du commun.

Thiel rencontre les enfants de Bernard Hettier, Dominique et Patricia ; ses sœurs, Monique et Georgette ; dépêche l'inspecteur Anthony Martin pour vérifier les informations. Les premiers articles de presse tombent le 17 juillet 1985, dans *L'Est républicain* et *Le Républicain lorrain*. Dans un premier temps, le juge reste imperméable à l'intérêt médiatique et n'arrête pas Simone Weber : « D'emblée, dit-il, il y a une assez forte pression de la part de la famille pour obtenir l'interpellation immédiate de Simone Weber. Ce à quoi je vais opposer une fin de non-recevoir, car on n'est pas le lendemain ou le surlendemain de la disparition, mais déjà largement plus d'une semaine après. J'ai jugé à l'époque que les bénéfices éventuels d'une opération, c'est-à-dire d'une perquisition dans les différents domiciles et pied-à-terre de Simone Weber, n'étaient pas évidents, alors que le temps nous permettait d'essayer de cerner sa personnalité et de voir un peu quelles étaient ses allées et venues. »

Les inspecteurs Christian Jacques et Alain Lambolez sont chargés de l'affaire. Pour eux, c'est une enquête de routine. L'une des premières choses qu'ils font ? Suivre la procédure classique : « Nous avons pris en filature Simone Weber à partir de ses différents domiciles. Et là, on s'est aperçu que c'était assez difficile... » Difficile, de filer une

Mamie Nova ? Oui. Les inspecteurs ne sont pas au bout de leurs surprises. Car Simone Weber est méfiante, très méfiante. En voiture, elle n'hésite pas à faire demi-tour « comme les voyous », ou s'arrête sans raison particulière. Elle repère donc la filature, tout de suite. Elle sait qu'elle est soupçonnée. Du coup, les rôles sont inversés. Ce sont les policiers qui se sentent surveillés. Ils n'en reviennent pas. Christian Jacques : « On était effectivement très surpris. Ce n'est pas le comportement de quelqu'un qui est honnête... » Ils constatent que la « bonne dame de Nancy » vit surtout la nuit, passe d'un domicile à l'autre, change de voiture, voire d'identité. Elle se fait appeler Simone Weber, Mme Thuot ou Monique Fixard. Pourquoi ? Très vite, les policiers ajustent leur évaluation de la personne : « Le portrait qui nous en avait été dressé par les membres de la famille Hettier nous paraissait un peu excessif, au début. Mais il n'était pas aussi excessif que ça, finalement. Mme Weber était une personne inquiétante. »

À force d'interroger les gens, les deux policiers recueillent un témoignage capital, qui va peser lourd dans la balance. Celui des époux Haag, un couple d'un certain âge, qui habite juste en dessous de Simone Weber, avenue de Strasbourg. Marie Haag révèle avoir vu entrer un homme chez sa voisine du dessus, Simone Weber, le soir du 22 juin, vers 18 heures. Le lendemain, qui est un dimanche, Marie Haag descend dans sa cave et, chemin faisant, croise Simone Weber. Celle-ci la salue et, dans l'escalier, une brève conversation s'engage. Marie Haag note que son interlocutrice est très pâle, et s'étonne que, dans la journée, Simone Weber ait semblé sortir et rentrer plusieurs fois. « J'ai fait quelques courses, précise celle-ci, j'ai acheté du pain, un journal. » Marie Haag se contente de cette explication et rentre chez elle. Vers 16 heures, le même jour, on frappe chez les Haag : c'est Simone Weber qui a besoin d'un couteau électrique, et qui demande à en emprunter un. Pourquoi ? « J'ai l'intention d'inviter des gens à dîner. » Le temps passe. Vers 10 heures du soir, Marie Haag entend des bruits étranges, au-dessus. Elle se demande si elle ne devrait pas appeler la police. On dirait que Simone Weber manipule quelque chose de lourd, et qu'elle passe l'aspirateur en même temps. Marie Haag ne trouve pas le sommeil : ce bruit de moteur lancinant la dérange. Bizarrement, l'aspirateur ne se déplace pas. Il reste au même endroit. Finalement, tout retombe dans le silence. Les époux Haag s'endorment.

Ils sont réveillés à 5 heures du matin. Quel tapage ! Marie Haag se lève, regarde par le judas et voit Simone Weber transporter des sacs-poubelle. L'observatrice en compte quinze – deux gros et treize petits – que la voisine descend en sept voyages entre l'appartement et le trottoir. Puis elle entasse les sacs au pied d'un arbre. Étrange, note Marie Haag. Car les éboueurs sont déjà passés. Par la fenêtre, elle voit que Simone Weber charge successivement les sacs dans deux voitures. D'abord un gros sac dans sa Renault 9 blanche. Les autres sacs dans une Renault 5 rouge. Simone Weber s'installe au volant de cette dernière à 5 h 45 et s'en va. Marie Haag se recouche.

Plus tard, dans la matinée, vers 9 heures, elle entend du bruit. C'est de nouveau Simone Weber, qui décharge ses sacs sur le trottoir, cette fois-ci de la Renault 9 blanche. Sans doute n'a-t-elle pas trouvé de rue où les éboueurs ne soient pas déjà passés, se dit l'observatrice. Et Marie Haag précise, à l'intention des enquêteurs, qu'elle a senti « une odeur de sang ». « Comme quand une femme a ses règles », dit-elle. Même si, jusqu'alors, les policiers avaient l'espoir de retrouver Bernard Hettier séquestré, cette simple remarque les convainc qu'il est trop tard. Pour eux, désormais, Bernard Hettier est mort : la présence de sang change la donne.

Le juge Thiel, lui, ne convoque pas Simone Weber. Il ne l'inquiète pas, la laisse en liberté. Il donne des instructions aux policiers : « Retrouvez la voiture de Bernard Hettier. » « Cette voiture, dit-il, on va la chercher tout l'été, dans les parkings, même à Cannes où demeure la sœur de Simone Weber, Madeleine. » Madeleine Weber est un pâle double de Simone : cette petite femme fluette a vécu toute sa vie dans l'ombre de sa sœur, qui la domine. Enfants, les deux filles étaient complices. Adultes, elles ne se sont jamais perdues de vue. Elles sont quasi jumelles, tant elles se comprennent d'un regard, en silence. Madeleine est sous la tutelle de Simone, dont elle respecte l'autorité.

Les téléphones de ces dames sont placés sur écoutes. Quand les deux sœurs se parlent, elles emploient un curieux langage, vraisemblablement codé. Alain Lambolez tente de comprendre. « Un soir, une communication téléphonique a lieu entre Simone et Madeleine. Cette dernière donne à sa sœur les bons numéros du Loto. Nous, les policiers, nous sommes relativement attentifs à ça, parce que nous aussi, on joue au Loto. On se rend donc compte que dans cette combinaison du Loto, il y a plusieurs fois le même chiffre. Ou alors des nombres supérieurs à quarante-neuf, ce qui n'existe pas... » Lambolez remarque que ces chiffres ressemblent fort à un numéro de téléphone cannois. Il vérifie. Il a vu juste : Madeleine vient de donner le numéro de la cabine téléphonique au pied de son immeuble. Laquelle est aussitôt placée sur écoute. Mais même là, les sœurs parlent en code. Le 2 octobre, Simone explique à Madeleine qu'une de ses voitures, la Renault 5, a été abîmée. Les pneus ont été crevés. Une autre fois, elle dit avoir reçu une lettre anonyme qui l'inquiète. Elle a donc demandé à son cousin Roger de s'occuper des méchants qui peuvent lui vouloir du mal. Qui est ce « Roger » ? Les policiers cherchent à l'identifier, et lui donnent rapidement un nom : Roger Lapierre. Ils le convoqueront bientôt. Puis, dans les conversations téléphoniques, il est aussi question d'une certaine « Bernadette »... Quelques jours plus tard, Simone Weber va à Cannes. Le 30 octobre, elle revient à Nancy. À quoi correspondent ces allers et retours ? Qui est Bernadette ? Alain Lambolez a une idée : « Et si c'était le surnom de la voiture de Bernard Hettier ? » Une fois de plus, il a vu juste. Les confrères de Cannes prennent Madeleine Weber en filature. Mission : retrouver le véhicule du disparu, la Renault 9 bleue.

Les premiers résultats sont étonnants : Madeleine Weber se fait appeler Mme Chevalier et, sous ce nom, elle a loué un box de garage dans une résidence du centre ville. Immédiatement, les policiers s'y rendent. Et c'est la surprise : la Bernadette, la Renault 9 bleue de Hettier, est là, sagement rangée. Il y a un détail compromettant : elle n'a plus les mêmes plaques d'immatriculation. L'inspecteur Christian Jacques explique : « Le doute n'était plus permis. On avait des éléments de preuve : à Cannes, la voiture était une grosse partie du puzzle. On n'avait pas de cadavre, mais on était sur la bonne voie... » Les policiers redoublent de vigilance.

Le 3 novembre, de Nancy, Simone Weber passe un coup de fil à Madeleine : « Détruis les papiers de Bernard Hettier », dit-elle. « Le passeport et le chéquier », précise-t-elle. Pour une fois, la prudence de Simone Weber l'a abandonnée. Madeleine Weber obéit. Mais ne fait pas place nette : il reste des papiers, la carte grise de la Renault et l'attestation d'assurance. Ceux-ci sont sous un coussin, dans le canapé du salon, à Cannes. Madeleine ne sait pas qu'elle est surveillée. À Nancy, cependant, sa sœur sent l'étau qui se resserre. Mme Faustinelli, la propriétaire de l'appartement, venue encaisser un loyer que Simone Weber ne paie qu'épisodiquement, trouve celle-ci assise, dans le salon, face à des photos de Bernard Hettier. Elle est en larmes. Que se passe-t-il ? demande Mme Faustinelli. Pas de réponse. Au cours d'une conversation écoutée par la police, Madeleine fait remarquer à sa sœur qu'un article paru dans *L'Est républicain* s'étonne qu'il n'y ait plus aucun mouvement sur les comptes bancaires de Bernard Hettier. Deux jours après cette conversation, deux retraits par Carte bleue sont effectués à Metz et à Épinal, dans des lieux sans caméra de surveillance...

La prudence de Simone Weber, cette prudence dont elle s'était départie momentanément, est revenue. Elle téléphone le 6 novembre à France Télécom pour savoir s'il est possible de repérer une écoute téléphonique. Non, lui est-il répondu. Les policiers décident de resserrer la nasse. Pour s'assurer qu'elle est bien chez elle, ils téléphonent.

Simone Weber décroche. Personne ne lui parle. C'est le silence. Elle dira plus tard qu'elle a entendu un cri de terreur, un cri d'homme. Mais les magnétophones qui tournent n'ont rien enregistré de tel. Une fois de plus, elle fabule.

Le 8 novembre, alors qu'elle est en train de réserver une place dans le train pour Cannes, Simone Weber est arrêtée. Elle suit les policiers sans rien dire, sans se rebeller. Simultanément, Madeleine est aussi interpellée. Les policiers sont confiants : ils ont assez d'éléments pour faire avouer les deux sœurs. « On s'est dit, raconte l'inspecteur Christian Jacques, que ces deux-là, ces mamies, elles allaient s'allonger rapidement. » Tandis que le commissaire Pagny-Leclerc et l'inspecteur Jacques « cuisinent » Madeleine Weber, d'autres hommes s'occupent de Simone. Celle-ci raconte n'importe quoi. Où est Bernard Hettier ? Elle ne l'a pas revu depuis le 22 juin. Où est la voiture de Hettier ? Elle ne sait pas. Qu'a-t-elle été faire à Cannes ? Rien, se promener.

Quant à Madeleine... « Au départ, ce sont des questions relativement communes, banales, pour l'emmener sur le terrain de la voiture. Madeleine jure ses grands dieux qu'elle n'a rien à voir avec tout ça, que sa sœur ne lui a demandé aucun service », se souvient Christian Jacques. Mais les policiers perquisitionnent. Ils fouillent l'appartement de Cannes. Le commissaire Pagny-Leclerc raconte : « On a la surprise de découvrir tout un tas de pièces qui, manifestement, appartiennent à Bernard Hettier ou ont trait à la dissimulation du véhicule. On trouve notamment, chez elle, la carte magnétique d'accès au garage. » Mais ce n'est pas tout. Il y a mieux, comme le coup de téléphone du 3 novembre l'a fait soupçonner : « Cachées sous un coussin du divan, il y a la carte grise du véhicule de Bernard Hettier, l'attestation d'assurance et, dans une potiche, dans le buffet du living, on trouve les clés de la voiture, les clés de la "Bernadette". » Immédiatement, tout est communiqué à Nancy.

Là, les policiers ont récupéré les lettres de Simone Weber et des documents divers dont un papier sur lequel est noté le numéro des clés de Bernard Hettier. Ils questionnent Simone : qu'est-ce que c'est que ce numéro de clés ? Elle ne sait pas. Calme, posée, Simone Weber ne semble pas mesurer ce qui l'attend. Elle donne l'impression – et peut-être a-t-elle réellement ce sentiment – que tout cela est une pièce de théâtre, qu'on lui fait un mauvais procès, qu'au fond elle est une victime. C'est ainsi qu'elle se comporte. Le commissaire insiste : « Quand on est en face de tant de pièces à conviction, les aveux sont-ils nécessaires ? Il faut tout de même s'expliquer sur le fait d'avoir tout cela chez soi, sur le fait de le cacher soigneusement. »

À Nancy, l'inspecteur Lambolez continue ses recherches. Il va de surprise en surprise. « Chez

Simone, on trouve des documents, des choses anciennes. Et puis on trouve des armes : près de la fenêtre de la salle à manger, il y a une carabine *Long Rifle* avec un silencieux ajusté sur le canon. Simone Weber, très sûre d'elle, ne comprend pas qu'on vienne entraver son train-train. L'affaire Bernard Hettier ? Ben oui, c'est un ancien ami, mais il fait ce qu'il veut. Il est volage. Il a dû trouver une poule, il est parti avec. Enfin bref, elle ne donne pas d'explication. » Les menottes aux poignets, Simone Weber ne change pas d'attitude. Figée. Incassable. Ce sera son personnage, désormais : une statue en granit. Une mamie qui parfois couine, vagit, se plaint, mais qui, en fait, se révèle impossible à déstabiliser.

Gilbert Thiel l'observe. Le juge a son idée, mais il faut étayer l'accusation. Après tout, s'il a attendu quatre mois avant d'interpeller la suspecte, c'est par prudence, pour monter son dossier le plus solidement possible. Il va *piano, piano* : « Selon une bonne stratégie policière, on commence par lui demander si elle sait où est passée la voiture de Bernard Hettier, si elle a revu celui-ci, etc. Au bout de vingt-quatre heures de garde à vue, elle nous soutient toujours qu'elle ne sait pas. Elle ignore que nous avons interpellé sa sœur, qu'on a retrouvé la voiture. Nous allons attendre une trentaine d'heures avant de lui soumettre ces éléments, et c'est là qu'elle va essayer de fournir un certain nombre d'explications. Elle a pris la voiture de Bernard Hettier pour qu'elle ne soit pas dégradée par les sauvageons... » Le juge et le policier sont persuadés qu'elle ment comme elle respire. Ils le sentent. Alain Lambolez, surtout, est formel : « J'avais quand même une expérience en matière de truands. Je dois dire que jamais aucun ne m'a mis aussi mal à l'aise que Simone Weber à certains moments des auditions. Un regard foudroyant qui indique bien qu'elle n'est pas contente. Quand on la gêne, elle manifeste tout à fait son mécontentement. » Simone est incarcérée à la prison de Nancy, Madeleine la suit.

Cette affaire-là est comme la guerre de 1914-18. Tout le monde est parti pour un conflit rapide, mais il va durer une éternité.

Chapitre 2

UNE ENQUÊTE DIFFICILE

Très vite, les enquêteurs doivent se rendre à l'évidence : ils ont affaire à forte partie. Le temps passe et les sœurs Weber, au fil des jours, n'avouent rien. Si elles se « coupent », ce n'est pas grave : elles superposent un autre mensonge au mensonge précédent, qui recouvre un autre mensonge, qui... Elles ne se troublent pas, elles sont sur la même longueur d'ondes. Du coup, l'affaire prend une autre dimension : il va falloir accumuler les preuves, les témoignages, les indices, les présomptions. Mais les enquêteurs n'ont rien de tout cela, comme l'admet Christian Jacques : « Pas d'aveux, pas le début d'un commencement de preuve. » Le travail semblait simple au départ, maintenant tout se complique.

Rue de Cronstadt, dans le premier domicile de Simone Weber, les policiers dénichent néanmoins des tonnes de documents bizarres.

D'abord, il y a le testament d'un dénommé Marcel Fixard, récemment décédé. D'où sort-il, ce Fixard ? Il y a aussi les papiers d'identité de cet homme, son livret de famille, l'acte de décès de sa première épouse. Intéressant ? On verra plus tard. En attendant, les enquêteurs cherchent la carte bancaire de Bernard Hettier. Ils ont de bonnes raisons pour cela : au début du mois d'août, quelqu'un a retiré neuf cents francs sur le compte du disparu, par le truchement d'un distributeur situé en gare d'Épinal. L'opération a eu lieu à 1 heure du matin. Le 3 août, rebelote : un nouveau retrait a été effectué, cette fois au distributeur de la gare de Metz. Idem le 5 août. Puis les 1er , 8 et 14 septembre. Toujours à Metz, toujours neuf cents francs. Qui a retiré ces sommes ? Un fantôme ? Le juge Thiel et les policiers ne croient pas aux fantômes.

L'appartement de la rue de Cronstadt livre d'autres secrets : il y a là des chèques vierges appartenant à un nommé Augustin Tabary, et des dizaines de lettres. Du courrier signé Bernard Hettier, des carnets de chèques qui portent son nom. Les policiers vérifient : les numéros de ces chèques font suite aux derniers chèques émis par le disparu... Il y a des factures de meubles destinés à Bernard Hettier, des bons de commande, des lettres d'amies de Bernard Hettier. Visiblement, Simone Weber a fait main basse sur les archives de son amant. Les policiers sont convaincus que

Simone a reçu de l'aide. De qui ? Peut-être de son cousin de confiance, Roger Lapierre. C'est le bon moment pour le rencontrer, celui-là. Les policiers le convoquent, et l'interrogent. L'homme n'a pas l'air d'avoir une grande envergure.

Roger Lapierre se montre bavard. Il avoue très vite que, le soir du 22 juin, c'est lui qui a téléphoné à Monique Nus, la nouvelle amie de Bernard Hettier, pour lui dire de ne pas s'inquiéter. Il a insisté sur le fait que « Bernard Hettier a quitté la ville », sans tenir compte des questions de son interlocutrice, qui se demandait pourquoi le week-end était annulé. Quand Monique Nus s'est faite insistante, Lapierre a simplement raccroché. Il a suivi les ordres de Simone Weber, voilà tout. Pourquoi ? Il ne s'est pas posé de questions. L'inspecteur Alain Lambolez, chargé de l'interrogatoire, se souvient : « Il nous a dit ne pas avoir cherché spécialement à comprendre. Il nous a indiqué qu'il avait fait ça pour être agréable à sa cousine. » Les policiers reconstituent, peu à peu, le puzzle : Roger Lapierre a téléphoné sous le regard impératif de Simone Weber. C'est elle qui lui a dicté son texte. La question, dès lors, se pose : *Comment Simone Weber sait-elle, dès le soir du 22 juin, que Bernard Hettier ne rentrera plus ?* C'est la question cruciale, celle à laquelle Simone Weber ne saura jamais répondre. C'est sur cette question-là que, plus tard, lors du procès, l'accusation portera. En attendant, l'étau se resserre.

Mais Simone Weber bétonne. Les lettres ? Elle est tombée « par hasard » sur cette collection appartenant à Bernard Hettier. Elle explique que son amant la trompait, qu'elle voulait en avoir le cœur net. Et les brouillons de lettres qu'elle envisageait d'envoyer à une ex-maîtresse de Bernard Hettier ? Oh, des bêtises...

À Cannes, les investigations se poursuivent. L'appartement de Madeleine Weber livre d'autres secrets. En dehors des papiers de la Renault 9, voici une photo de la nièce de Bernard Hettier, une photo à laquelle il tenait, qu'il portait toujours sur lui. Voici encore des plaques d'immatriculation. Les policiers examinent, analysent. La pochette de plastique dans laquelle se trouvent les papiers de la voiture porte des empreintes digitales. On examine. On interroge Mme Leroy, la propriétaire du box où a été retrouvée l'auto. Cette dame ne connaît pas de Madeleine Weber, mais reconnaît Mme Chevalier. Au début, Madeleine nie. Et les papiers ? Ah oui, c'est vrai, elle a gardé tout cela par inadvertance. Et les plaques d'immatriculation ? On en a retrouvé sur le plancher de la voiture. La première : 1431 QH 54. Vérification faite, c'est un numéro qui correspond à un tracteur agricole. La deuxième : 193 WW 54. Elle correspond à celle de Bernard Hettier. On emmène Madeleine Weber devant le box, on procède à l'ouverture grâce aux cartes magnétiques retrouvées chez elle, mais c'est la même chanson.

Madeleine Weber ne sait pas ce qu'elle fait là, tout ça n'est qu'une erreur, elle n'a jamais vu ce véhicule ni ces plaques d'immatriculation.

Les policiers se retournent vers la voiture de Simone Weber. Le coffre contient un objet étrange : une meuleuse à béton. Curieusement, il y a aussi le contrat de location. Grâce à ce dernier, il est vite établi que l'outil a été loué le 21 juin 1985, pour une durée de sept jours, à la société Outiqua de Villers-lès-Nancy. Et ce par Simone Weber, qui l'a ensuite déclaré perdu. Les policiers interrogent Simone : elle a bien déclaré l'objet perdu, n'est-ce pas ? Oui. Elle a bien payé la meuleuse dans son intégralité ? Oui. Était-elle perdue, égarée, cette meuleuse ? Non, Simone Weber n'a jamais dit ça, le loueur a mal compris. Mais alors, pourquoi avoir payé ? Il fallait bien. Et que voulait-elle faire avec cette meuleuse ? Oh, des trucs. Quels trucs ? Des trucs, voilà tout.

Alain Lambolez met immédiatement le doigt sur le bon argument : « Cet engin pouvait, éventuellement, avoir servi à démembrer un cadavre. » Il met l'objet en corrélation avec la déclaration des époux Haag. Les bruits entendus, le moteur d'aspirateur immobile... « Là où on est amené à faire ce rapprochement, c'est quand les voisins nous ont parlé d'un engin à moteur qui ne se déplaçait pas. » Il retourne interroger les Haag. Ceux-ci confirment : dans la nuit du 23 au 24 juin 1985, ils ont bien entendu un appareil électrique, au-dessus d'eux, chez Simone Weber. Ils répètent que celle-ci est venue les voir pour une histoire de couteau électrique. En plus, Marie Haag se souvient que, le 24 juin, Simone Weber a entrepris une grande lessive, chez elle, des sols et des plafonds. Quand les enquêteurs pressent Marie Haag, celle-ci, réticente, leur avoue sa curiosité. En s'approchant sur la pointe des pieds, elle a pu jeter un coup d'œil sur un grand sac-poubelle déposé dans le couloir. Et alors ? Alors elle a ouvert le sac-poubelle. Que contenait-il ? Du sable rose, des serviettes-éponges mouillées, et le tout sentait mauvais. Mauvais comment ? Mauvais comme une odeur de sang. Pourquoi n'a-t-elle pas alerté la police ? Parce qu'on se met dans les ennuis quand on fait ça.

Les journaux entrent dans la danse. Ils font leurs choux gras de l'affaire Weber. C'est un déluge de qualificatifs sensationnels : « les diaboliques de Nancy », les « sœurs de la mort », « massacre à la tronçonneuse », tout y passe. François Moulin, journaliste à *L'Est républicain*, se souvient : « Au fur et à mesure de l'enquête parallèle que vont conduire les médias sur la personnalité de Simone Weber, on va découvrir d'autres choses. Derrière le crime, disons brut, il y a toutes les affaires de faux en écriture, de dissimulation, de mensonges répétés, qui nourrissent un personnage, véritablement, qui en impose. »

À force de reposer les mêmes questions, le juge

Thiel obtient de vagues renseignements et des semblants de réponse. Ainsi la meuleuse a-t-elle été louée – maintenant, Simone Weber s'en souvient bien – pour détruire des bacs en ciment dans une petite maison qu'elle possède à Rosières-aux-Salines. Mais l'appareil était lourd, peu maniable. Eh oui, c'est bien le cousin Roger Lapierre qui l'a aidée à dévisser l'écrou de fixation pour les disques. Que sont devenus les différents disques livrés avec la meuleuse ? Ah, ils ne sont pas là ? Ils ont été volés sans doute, car on a « forcé le coffre de la voiture ». Sans prendre la meuleuse elle-même ? Ben oui.

En attendant, comment se fait-il que Simone Weber, qui suspecte facilement tout et tout le monde, qui est une paranoïaque accomplie, ait gardé cette meuleuse depuis quatre mois dans son coffre ? Le juge se fait une idée : sans doute a-t-elle essayé de la cacher chez son cousin Lapierre, puis elle l'a laissée dans le coffre après avoir échoué dans sa tentative. Les enquêteurs ne s'arrêtent pas en si bon chemin. « On trouve des tampons humides chez elle, cachés dans une Cocotte-Minute », explique Christian Jacques. Les tampons humides, ce sont des cachets qu'on peut apposer sur un document officiel, après avoir humecté le timbre en caoutchouc sur un encreur. Des objets qu'on trouve dans les mairies, dans les préfectures, chez les médecins, partout où il faut authentifier des documents. Pourquoi y en a-t-il autant chez Simone Weber ? Les enquêteurs les regardent de près. Il y a là des tampons venus de la mairie de Strasbourg, de la mairie d'Ancerville, de Hennecourt, et beaucoup d'autres. Alain Lambolez, lui, trouve des ordonnances vierges, « des blocs d'ordonnances de différents médecins. Visiblement, elle s'était appropriée ça lors de visites chez des médecins. Dès que ceux-ci avaient le dos tourné, elle les subtilisait ». Et ce n'est pas tout. Il y a des actes d'état civil falsifiés, tout particulièrement de mariage. On met aussi la main sur de vieux talons de chèques de Bernard Hettier qui complètent les chéquiers retrouvés rue de Cronstadt : il a bien acheté deux valises en skaï quelques mois avant sa mort, au magasin Mammouth de Nancy.

Les perquisitions se succèdent et, surprise ! On trouve chez Simone Weber deux carabines et... des bâtons de dynamite ! De la dynamite ? Pourquoi pas une bombe atomique ? Là, c'est le summum : pour la presse, c'est du pain bénit. Monique Raux, du *Républicain lorrain*, raconte : « Il y avait tout, dans cette affaire, pour faire un polar. Il y avait l'environnement, le passé de Simone Weber que, petit à petit, on découvre, avec des drames concernant ses enfants, un mariage pas forcément heureux. C'est très tumultueux, ce n'est pas quelqu'un qui a une vie tranquille jusque-là. Ce n'est pas une dame ordinaire, Simone Weber. Elle a des histoires derrière elle,

elle a des mystères, elle a des secrets... » Des secrets ? Bien sûr. Mais le juge n'est pas au bout de ses peines. Comme le dira plus tard un journaliste : « Cette femme est un secret dans un mystère enveloppé dans une énigme. »

Le public se passionne. Cette affaire fascine. Le décalage entre l'aspect angélique de la dame et les actes monstrueux qu'on lui impute est incroyable. Nul ne peut imaginer que cette femme soit une meurtrière barbare. Les questions fusent : Mamie Nova est-elle le bourreau de Nancy ? Quels sont les éléments à charge ? Pourquoi les progrès de l'enquête sont-ils si lents ? Est-on sûr de tenir la bonne piste ? Tout le laisse soupçonner. Du coup, un autre aspect passe à la trappe : l'histoire des victimes. Dans ce tumulte secret qu'est la vie de Simone Weber, dans les strates différentes de son existence, dans ces constructions abracadabrantes qu'elle maintient avec un aplomb maladif, il y a tellement de choses diverses, inattendues, que la famille Hettier est oubliée. La douleur des victimes ? Au fond, on s'en soucie peu. Le crime a plus d'éclat.

3

INTERVIEW DE SIMONE WEBER PAR CHRISTOPHE HONDELATTE (1)

L'interview a eu lieu en 2003 : Simone Weber a accepté de me rencontrer à Cannes, où elle demeure désormais avec sa sœur Madeleine. La détention l'a physiquement changée : elle s'est arrondie, le visage s'est marqué. Mais la Simone Weber aux yeux bleus, cette femme à laquelle, en se fiant aux apparences, on aurait donné le Bon Dieu sans confession, elle, n'a pas tellement changé. Manipulatrice ou innocente ? L'entretien a débuté sur un souci bien féminin :

– Il faudrait que j'aille me faire maquiller.

Devant la caméra, sa coquetterie se réveille. Son attention, elle, n'est jamais en défaut. Elle aperçoit le photographe de l'émission, s'inquiète de l'usage des photos : « Vous ne les remettez pas aux journalistes. La presse, pas du tout. J'ai votre parole... » Elle a ma parole. Tandis que les techniciens préparent le tournage, elle reprend : « La presse écrite, ç'a été des bandits. Ils m'ont massacrée encore pire que Thiel. »

Les lumières sont enfin prêtes, Simone Weber est maquillée. L'interview peut débuter. Elle sera longue, tous les aspects de l'affaire seront abordés. Toujours, Simone Weber se défendra. Toujours, elle martèlera son innocence. Est-elle sincère ? Comment le savoir ? Une étincelle dans les yeux, parfois, en fait douter. C'est cette étincelle qui a provoqué la réaction des jurés, qui les a convaincus, en leur âme et conscience, de tenir la coupable. Si un regard pouvait fusiller, celui de Simone Weber aurait fait des ravages...

Mais, hormis ces brefs éclairs de rage, le reste du temps, la conviction de Simone Weber semble totale, absolue. Ses réponses manquent de cohérence, son argumentation dérive, Simone Weber digresse ? Oui, mais elle a un point focal : une injustice lui a été faite, elle n'en démordra jamais, jamais.

La prison a-t-elle transformé son comportement ? Sans doute. Moins agressive, moins mordante, elle est affectée par ces années de détention. La Simone Weber qui prenait à partie les témoins, avec acharnement, pendant le procès, a cédé la place à une Simone Weber moins har-

gneuse. Mais elle reste fidèle à sa logique, qui n'est pas celle de la justice. Et sa logique, ma foi, est par moments difficile à suivre. Plutôt que de changer les phrases de Simone Weber pour les rendre plus lisibles, j'ai préféré les transcrire telles quelles, dans leur élan, leur authenticité. Peut-être est-ce dans ses silences, ses hésitations, ses incohérences que la vraie Simone Weber se démasque le mieux...

– Simone Weber, pour vous, l'enquête a-t-elle été bâclée ?

– Ah oui ! Vous vous rendez compte que, chez moi, tout le monde m'accusait, avant même qu'on trouve les corps ? Ils ont fait vider le canal à sec, dans le village où j'ai grandi jusqu'à dix-sept ans. On a encore des terrains – maintenant il y a de grands arbres – que le juge Thiel a fait retourner. Il a saisi je ne sais plus combien d'hommes du régiment pour venir retourner le terrain, pour aller fouiller, retourner les bois. Ils ont pioché pendant des jours et il n'a pas cherché à Charmois-l'Orgueilleux[1], rien du tout. Mais enfin, ce n'est même pas pensable !

1. La maison de campagne de Bernard Hettier, qui, contrairement à ce qu'affirme Simone Weber, a été fouillée.

– C'est votre argument clé aujourd'hui, pour dire que l'enquête a été bâclée ?

– Et puis l'Institut médico-légal n'a pas fait de prélèvement d'organes pour envisager de faire une expertise génétique ! Quand moi et mes avocats l'avons demandée, le juge Thiel l'a fait près de deux ans après. Il a donc laissé pourrir ce tronc au lieu de faire des prélèvements et le peu de prélèvements qui ont été faits ont été volés là-bas, à l'Institut médico-légal. J'ai aussi les courriers : le professeur Le Breton, qui était un grand expert, réclamait la juge, presque deux ans après, pour ce qu'elle lui avait demandé[1]. Mais pourquoi ? Qui est-ce qui les a volés ? Qu'est-ce que ça cache ? Il y a tout de même quelque chose, ils ne se sont pas sauvés tout seuls.

– Je voudrais qu'on se replace dans le contexte de l'époque. Bernard Hettier a donc disparu. Est-ce que, dès les premiers jours de l'enquête, vous sentez qu'on vous soupçonne ?

– Non. J'étais à Cannes – je suis partie le lendemain de sa disparition, je crois. Quand je suis rentrée quelques jours après, je vais chez mon frère, et ma belle-sœur me montre le journal et me dit : « Vous avez vu ? » alors que je n'étais pas au courant du tout. Quand je sais qu'il [*le juge Thiel*] dit qu'il a fait quarante kilomètres et qu'il

1. Les viscères prélevés.

en a fait six cents dans la journée, c'est un homme indescriptible comme ça, et vous voyez que je ne pourrais pas être insensée pour avoir une aventure avec un homme aussi...

– Vous ne sentez pas que l'enquête s'oriente vers vous ?

– Pas du tout.

– À aucun moment ?

– À aucun moment. J'ai juste vu une fois, rue des Tiercelins, qu'il y avait une voiture derrière moi, que je voyais depuis un moment dans le rétroviseur. Je me suis arrêtée près d'un garage pour faire regonfler les pneus et j'ai vu deux hommes – les inspecteurs qui étaient chargés de me suivre – qui photographiaient dans ma direction et je regardais partout parce que je me suis demandé ce que c'était. Je ne suis pas rentrée au garage et me suis arrêtée à la faculté de pharmacie garer ma voiture. Je suis entrée dans la faculté pour voir si cette voiture, ces gens, étaient toujours là. Effectivement, ils étaient toujours là.

– Vous faites le lien avec la disparition de Bernard Hettier, à ce moment-là ?

– Moyennement. Mais vous savez, j'étais importunée jour et nuit par des appels anonymes depuis 5 heures du matin, 1 heure du matin, le soir sans arrêt et tout le temps par des maîtresses, jalouses, je suppose[1]. J'étais chez moi, le matin,

1. Appels qui n'ont jamais été confirmés par les écoutes téléphoniques.

elles me téléphonaient. Quand je partais chez ma sœur qui avait encore l'appartement et le téléphone à Nancy, je n'étais pas entrée dans l'appartement que j'entendais le téléphone sonner. Et quand je venais, elles devaient être drôlement renseignées je ne sais pas par qui, quand j'arrivais à Cannes et que ma sœur venait me chercher à l'aéroport, le téléphone sonnait tout de suite aussi anonymement. Et on entendait : « Rrrm... rrrm... » et ma sœur disait : « Mais parlez ! Qu'est-ce que vous voulez dire, avec rrrm, rrrm ? »

– Racontez-moi votre arrestation.

– Il faut que je vous dise que pendant que j'avais ces appels anonymes, une de ses maîtresses a reconnu, à la barre, pendant sa déposition, qu'elle lui téléphonait [*à Bernard Hettier*] presque tous les jours à son travail, alors que moi je ne lui ai jamais téléphoné une seule fois. Et on a dit que je le persécutais, que je le suivais, et ce n'est pas vrai non plus. Je sais qu'il était suivi parce qu'un jour que j'étais venue passer le nouvel an avec ma famille, quand je suis rentrée le lendemain, j'ai eu Bernard au téléphone, qui m'a dit : « Mais pourquoi est-ce que tu me filais hier soir ? – Je te suivais ? – Oui, tu m'as suivi pendant plus d'une heure ! Pourquoi ? – Hier soir, j'aurais eu du mal à te suivre. À 9 heures, j'étais sur le quai de la gare de Cannes ! »

– Cette arrestation... Comment ça se passe ? Qu'est-ce que vous vous dites ?

– Ça s'est très bien passé. Comme je n'avais

rien à me reprocher, quand je suis sortie vers 5 heures, je devais prendre le train de 10 heures et demie à Metz, le train + auto. Ma place était réservée. Vers 5 heures, en fin d'après-midi, je sors de chez moi et je vais à ma voiture. Un homme vient près de moi et me dit : « Vous avez les papiers de la voiture, madame ? – Bien sûr. » Je les prends dans mon sac. Et récemment j'avais dû faire le chèque de mon assurance voiture et je n'avais pas remis l'assurance avec. Il pleuvait des cordes : « Écoutez, il fait noir dans la rue. Comme je ne les vois pas, c'est que je ne les ai pas rangés après le chèque. » Et je les ai invités à monter. En fait, il y en a deux qui arrivaient derrière. Je n'ai rien vu d'anormal. Certainement que j'étais anormale pour ne pas trouver ça anormal. Aussitôt, ils m'ont dit : « Asseyez-vous » et ils ont débranché le téléphone. Comme j'étais sur écoute, ils savaient que je devais prendre le train. Ils ont commencé à fouiller, à me poser des questions. C'étaient messieurs Lambolez et Florent. Puis ils m'ont demandé de faire une déposition.

– Qu'est-ce qu'ils vous demandent ?

– D'aller avec eux au commissariat.

– De quoi vous parlent-ils ? Quelles questions vous posent-ils ?

– Je ne me souviens même plus. Ç'a été tellement vague, tellement... Si je connaissais Bernard Hettier, si je l'avais vu... Je ne me rappelle pas bien, c'est une chose tellement minime, ça ne m'a pas marquée. À côté des autres choses...

4

QUI EST SIMONE WEBER ?

Le juge, les policiers, les journalistes sont confrontés au système de l'oignon, pratiqué avec talent par Simone Weber. Sous chaque couche qu'on pèle, il y a une autre couche. Puis une autre. Le juge Thiel, patiemment, assemble les divers éléments du puzzle. Qui est cette femme qui se présente tour à tour comme une institutrice (elle ne l'a jamais été) ou comme une professeur de philo (elle n'a même jamais rêvé de l'être) ? Qui est cette « dame » dont on dit, entre flics, qu'autrefois « elle enseignait » et qu'elle « en saignait » ? Quelles sont ces blessures qu'on a relevées sur ses mains ? « Je me suis piquée à des fleurs vénéneuses », dit-elle. À Rosières-aux-Salines, on la surnomme « la gombard », la sorcière en patois du pays.

Au fil des jours, le dossier s'épaissit. Très vite, il atteint sept cents pages et comprend trois cent cinquante procès-verbaux. Madeleine Weber clame qu'il s'agit d'une « machination horrible » et qu'« un jour on saura la vérité ». Simone, elle, affirme qu'on a vu Bernard Hettier en train de faire la manche dans la banlieue de Nancy. Où ? Quand ? Elle ne sait pas. On le lui a dit. Elle s'enferre. Elle s'enfonce, certes. Mais la mauvaise foi n'est pas une preuve. Le mensonge n'est pas un crime.

Le portrait qui se dresse peu à peu est quand même effrayant. Le juge Thiel reconstitue une vie. Celle de Simone Weber, l'inconnue.

Simone Weber est née le 28 octobre 1930 à Ancerville, dans la Meuse. Ses parents, Georges Weber et Marcelle Lapierre, sont alors jeunes, et mariés depuis deux ans. Lui, mécanicien, a vingt-cinq ans ; elle, ouvrière, vingt ans. Simone est le deuxième enfant : une sœur, Nicole, l'a précédée en mai 1929. Une autre sœur, Madeleine, naîtra en février 1933 puis, en novembre 1934, Paulette. Des filles. Finalement, un garçon naît : Jacques. Mais c'est en janvier 1945, l'écart est immense entre les enfants. Pourquoi ? L'explication est simple : le couple s'est séparé en 1934, et les gosses ont été partagés. Simone et Madeleine sont restées avec leur père, qui avait provisoirement refait sa vie. Georges Weber reformera le foyer conjugal six ans plus tard, à l'orée de la guerre, puis se cachera en Auvergne avant de finir par rejoindre les Forces françaises de l'intérieur (FFI).

En attendant, après la séparation, Georges Weber s'installe à Foug, non loin de Toul. Marcelle viendra l'y rejoindre en 1939. Les Weber ont des racines, dans ce coin de France. Georges place ses filles Simone et Madeleine à l'école du village. Simone obtiendra son certificat d'études en 1944 après une pleurésie qui l'a clouée au lit pendant deux ans. Des études ? Il n'en est pas question. Dans la France de la fin du conflit, il faut trouver du travail, et vite. Simone Weber sera donc couturière. Son père l'inscrit au cours Nordon, à Nancy. C'est pratique : la grand-mère habite là, et héberge la petite. Pendant vingt-quatre mois, Simone apprend à ravauder, à faire le petit point, à broder. C'est long, mais instructif. Puis elle tombe malade une deuxième fois. Les poumons sont fragiles, il faut aller à la montagne. Georges Weber emmène toute la famille s'installer en Savoie. En 1947, à Modane, il y a des industries : coutellerie, fonderie, mines. De plus le frère de Marcelle Weber, Roger Lapierre, habite sur place et peut héberger la famille. Une nouvelle vie qui commence ?

C'est plutôt l'ancienne qui reprend. Car le couple Weber se délite. Georges Weber a rencontré une femme qui lui plaît, Suzanne Thuot. Il se met en ménage avec elle. Les enfants, eux, quittent peu à peu le foyer. Nicole Weber se marie. Simone, elle, trouve un travail comme aide soignante à l'hôpital de Modane. Elle voudrait être infirmière mais, en 1950, la veille de l'examen, elle tombe malade. C'est un mode opératoire qui se reproduira plus tard : plutôt que de franchir une nouvelle étape, elle préférera se faire porter pâle. Pendant son procès, par exemple. Simone Weber est une simulatrice à répétition.

À la fin des années quarante, la guerre est finie, bien finie. Il est temps de rentrer à Foug. Marcelle et Madeleine décrochent un emploi à la base américaine de Velaine, en Meurthe-et-Moselle. L'accès à ces bases est très envié, en 1951 : on y trouve des tas de produits merveilleux. Du chewing-gum, des stylos à bille, des blue-jeans et du Coca-Cola. Simone, elle, tente de se frayer un chemin. On lui propose un petit job de représentante en articles de couture, à Nancy. Elle accepte. Puis, quelques mois plus tard, elle travaille pour une compagnie d'assurances. Là, les rencontres sont faciles. Un garçon se présente, il lui plaît. Mariage ? Non. Le séducteur se dérobe. Qu'à cela ne tienne. Pour une fille de vingt et un ans, le monde est ouvert. Tout est possible. En 1952, Simone fait la connaissance de Jacques Thuot. Qui est-il ? Le frère de Suzanne Thuot, la concubine de son père. Michel Thuot, l'autre frère, un peu plus âgé, est devenu le fiancé de Madeleine Weber. Tout reste donc en famille. Il y a comme une odeur de renfermé, là-dedans. On vit en vase clos.

Jacques Thuot est sympathique. Simone devrait être heureuse. Las ! Sa vraie nature perce. Elle est jalouse. D'une jalousie qu'il décrit comme terrible, exclusive, obsessionnelle. Elle se livre à des jeux mesquins : elle fait suivre Jacques, se renseigne sur ses fréquentations, le suspecte. Rien n'en sort. Sinon que, le 13 janvier 1953, elle donne naissance à une petite fille, Catherine. Puis, le 16 juin 1954, à une deuxième, Danielle. Il est temps, se disent les parents, d'officialiser leur union. Michel Thuot et Madeleine Weber sont témoins. Le 27 janvier 1955, Jacques Thuot et Simone Weber s'engagent « pour le meilleur et pour le pire ». Ce sera pour le pire.

Un demi-siècle plus tard, l'une des avocates de Simone Weber, Me Liliane Glock, résumera : « Simone Weber s'attache toujours beaucoup à dire qu'elle a un passé tout à fait honorable et, personnellement, j'ajouterais qu'elle a quand même eu un certain nombre de difficultés dans sa vie. On pourrait dire simplement qu'elle a mangé de la vache enragée. » C'est de cette époque que date la très forte complicité entre Simone et Madeleine. « On imagine facilement que, quand elles étaient gamines, ajoute Me Glock, elles ont dû se soutenir le moral l'une l'autre. Jeunes filles, elles étaient encore ensemble. Ensuite, elles ont épousé les deux frères Thuot. C'est drôle, ce parallélisme... » Drôle ? Ce n'est pas exactement le mot. Étrange, plutôt.

Tout, dans le couple Simone-Jacques, est destiné à échouer. Lui, qui a trois ans de moins que sa femme, est pompier à la base américaine : son statut social est insignifiant. Très vite, Simone le considère comme un « médiocre ». En plus, toute une tribu s'installe avec le couple : la belle-mère Weber et le beau-frère Michel Thuot avec sa fiancée Madeleine Weber. C'est un peu serré, mais on s'arrange. Et la vie continue : le 8 septembre 1955, voici des jumeaux qui naissent, Philippe et François. Tandis que Simone peine à élever sa famille, elle continue à soupçonner son mari d'être volage. Peut-être même précipite-t-elle les choses, avec ses crises de jalousie perpétuelles. Rien de plus insupportable que les remontrances d'une épouse jalouse, surtout si elles sont justifiées. Car la mauvaise humeur de Simone provoque une réaction qui, plus tard, sera une constante dans sa vie : les hommes, lassés de ce fiel, s'éloignent. C'est ce que fait Jacques Thuot. À intervalles réguliers, les coups de fièvre empoisonnent la vie du couple : Jacques Thuot est rejeté, Simone le met à la porte, puis le reprend, puis le chasse, puis l'accepte. C'est dans ces allers et retours qu'un cinquième enfant, une petite fille, Brigitte, naît le 13 novembre 1956. Mais rien n'y fait, le destin de ce couple est scellé. Jacques Thuot s'en va définitivement en 1958.

Pour Simone, ce n'est pas assez. Jacques Thuot n'a pas le droit de la quitter ainsi. Très vite, celui-ci se rend compte que son nouveau domicile, rue Jeanne-d'Arc, est régulièrement dégradé. Que sa voiture est victime de coups mystérieux. Entre Simone et Jacques, c'est la guerre froide. Mais le temps fait son œuvre : quand Simone trouve du travail comme représentante d'une firme de bonbons, tout rentre dans l'ordre. Jacques Thuot ne verse pas de pension ? Elle s'en sortira toute seule. Les années passent, les enfants grandissent. Quelquefois, Simone fréquente des collègues de travail. Une amie, Marthe Speicher, l'invite. À cette occasion, Simone rencontre le *boy-friend* de Marthe, un certain Bernard Hettier. Nous sommes en 1965. Puis Simone change d'emploi pour vendre des distributeurs automatiques. La vie s'écoule gentiment.

Le 2 décembre 1968, Catherine Thuot, quinze ans, fille de Simone, se sent mal à l'école. Elle se présente à l'infirmerie du lycée Beauregard. Il est 10 heures du matin. Le temps que le médecin arrive, elle est morte. Simone Weber est effondrée. Que s'est-il passé ? Elle demande, elle exige une autopsie. L'estomac de sa fille contient un médicament liquide, le Théralène. C'est un sirop largement utilisé, composé d'alimémazine tartrate, qui sert à combattre les rhinites, l'urticaire, la conjonctivite et la toux. Fabriqué par Celltech Pharma, il est souvent prescrit pour les enfants insomniaques ou agités. Il provoque la somnolence. Les légistes concluront au suicide de l'adolescente. Mais s'agit-il bien d'un suicide ? L'infirmière de garde au lycée, qui a souvent affaire à des enfants nerveux, n'a-t-elle pas eu recours au Théralène pour « calmer » Catherine ? Simone elle-même en consomme parfois, à la maison. Elle est certaine que ce médicament n'est pas mortel. La preuve : elle en donne de fortes doses à ses autres enfants et démontre que personne ne s'en porte plus mal.

Que s'est-il passé ? L'infirmière de garde, en voyant Catherine arriver légèrement souffrante, pense d'abord à une crise de foie. Elle s'absente, laissant la garde de la malade à la lingère du lycée. Quand elle revient, vers 15 h 30, Catherine dort toujours. Mais sa respiration est « à peine perceptible » et le pouls « filant ». Le médecin est appelé, puis les pompiers, mais c'est trop tard, la mort survient. On diagnostique une hémorragie cérébrale.

Quand Simone Weber se porte partie civile, on ordonne une exhumation et une autopsie. On retrouve alors dans les viscères 41,4 mg d'alimémazine, le composant du Théralène. Au terme de l'enquête, l'infirmière sera inculpée d'homicide involontaire. En juillet 1971, elle sera condamnée à cinq cents francs d'amende avec sursis. Simone Weber, elle, exigeait quatre cent mille francs de dommages-intérêts. L'affaire va en appel. L'infirmière est alors entièrement blanchie. Mais elle se souvient d'un long cauchemar : « Cette femme, Simone Weber, ne m'a pas laissée en paix pendant quatre ans. Je me souviens, elle arrivait à pas de loup dans l'infirmerie du lycée et m'observait. Puis se manifestait tout à coup en disant : "Ah, vous avez peur ! Donc, vous n'avez pas la conscience tranquille !" C'est vrai, elle me faisait peur, vraiment peur... » Peu à peu, une autre vérité émerge. Un journal publie le témoignage d'une « amie de la famille qui exige l'anonymat » : « En fait, tout le monde savait que Catherine était véritablement martyrisée par sa mère qui la battait souvent... » Vrai, faux ? Nous sommes dans le monde insaisissable qui est celui de Simone Weber, un monde fait d'illusions, de convictions folles, de haine.

Insatisfaite par les décisions de justice, Simone Weber se met à distribuer des tracts vengeurs : « Avec madame Thuot, défendons le droit à la justice, à la vérité... » Elle tente de soudoyer le pompier qui était intervenu au lycée : « Elle venait me voir souvent à la caserne pour que je témoigne contre l'infirmière. Elle insistait, insistait... Je n'ai pas cédé. » Simone se tourne ensuite vers un médium. Remue du vent. Persuadée d'avoir été flouée, elle entre en contact avec l'esprit de sa fille par l'intermédiaire du spécialiste. Catherine, dit-elle, l'assure qu'elle est heureuse là-haut. Simone Weber déraille-t-elle ?

En 1970, elle déménage et s'installe à Guertwiller. Là, prétextant des coups de téléphone menaçants, elle achète une arme de poing, un Beretta 22-LR, au cours d'un voyage en Italie. À la frontière, on le lui confisque. Les douaniers demandent : « Pourquoi ? » Elle répond : « Pour protéger ma famille. »

François Moulin, qui a longuement enquêté sur Simone Weber pour son journal, pose un diagnostic sur ce personnage qui, au fil des ans, se précise : « Elle avait des capacités intellectuelles un peu au-dessus de la moyenne. Le problème, c'est qu'elle n'a pas pu faire d'études vraiment poussées. Elle a été un peu ballottée par l'existence, avec des petits boulots, des choses instables. Instabilité aussi sentimentale, je pense qu'elle en a gardé une immense frustration. » De plus, l'histoire du Théralène a été déterminante : « À partir de ce moment-là, elle pense que les institutions scolaires, judiciaires, se sont liguées contre elle. C'est le début de sa paranoïa. »

De petit job en petit job, Simone Weber est entrée au service d'une firme de produits de beauté, Wanda. Elle couvre la région de Sélestat, non loin de l'Allemagne. La mort de sa fille a laissé des cicatrices profondes : elle en veut à ce système qui, estime-t-elle, ne lui a pas rendu justice. Elle se demande ce qu'elle peut faire. Combattre, oui, mais pas seule. Elle prend contact avec le Comité pour la vérité et la justice de Bruay-en-Artois, apparu pour faire la lumière sur un crime horrible qui a secoué la région, celui de Brigitte Dewevre. Là, Simone se sent en phase : elle participe aux réunions, a l'impression de faire œuvre utile. Évidemment, placer des rouges à lèvres et des fonds de teint, à côté de ce combat pour la justice, c'est sans intérêt. Le travail de Simone Weber s'en ressent. La société Wanda la prie de chercher ailleurs. Pendant un an Simone Weber vit d'expédients, avant de retrouver un poste de VRP. Mais cette année est mise à profit : toute à son obsession, Simone Weber continue à se documenter sur le Théralène, prend contact avec le Dr Krieg, un généraliste, pour qu'il demande au laboratoire les caractéristiques du médicament. Celui-ci, qui a d'autres chats à fouetter, refuse. Mal lui en prend : Simone Weber lui dérobe des ordonnances vierges, fait fabriquer un tampon et... laisse tomber. Au fond, elle préfère créer une section locale du Comité pour la vérité et la justice. Curieux assemblage : Mamie Nova chez les maoïstes ! Car, dans la France post-68, les gauchistes sont à la mode : on conteste facilement. La contestation, voilà un terrain qui plaît à Simone Weber.

Malheureusement, il y a les soucis d'argent. Logée à Guertwiller dans un appartement du maire, Simone paie rarement. La famille se disloque lentement. Quand la deuxième fille, Danielle, quitte le foyer maternel pour s'installer avec son fiancé à Strasbourg, il semble que les ponts soient presque coupés. Entre Danielle et Simone, il y a visiblement de la distance. En 1973, Simone, victime d'un accident, est légèrement blessée : elle quitte son dernier emploi, non sans avoir conservé les tampons de l'entreprise. Pour quoi faire ? Nul ne le sait. Les difficultés s'amoncellent : Simone Weber est expulsée de l'appartement de Guertwiller. Elle en profite pour embarquer le mobilier et dévaster le logement, par vengeance. Le maire retrouve son bien vandalisé.

Simone Weber reprend pied à Strasbourg, sous le nom de *Monique* Thuot. Elle entre en contact avec une agence matrimoniale et rencontre un aimable quinquagénaire, Augustin Tabary, employé aux Houillères de Lorraine. Ils sortent ensemble et, très vite, le prétendant découvre des choses qui ne lui plaisent pas : il apprend qu'elle n'est pas divorcée, qu'elle ment, et rompt. Simone prend les choses de haut : elle vient faire un esclandre sur son lieu de travail. Augustin Tabary laisse filer et rencontre une autre femme, qu'il épouse. Mais l'affaire déraille, le mariage tourne très vite au vinaigre : la nouvelle Mme Tabary s'associe à Simone Weber pour fracturer la porte de l'appartement de son mari et lui enlever tous ses meubles. Un mois plus tard, le couple est rabiboché et Mme Tabary réclame le retour des meubles. Simone-*Monique*, elle, refuse de rendre la prise de guerre, qu'elle a entreposée avec l'aide de ses deux fils. Finalement, contre quelque argent, elle finit par restituer les meubles et, chemin faisant, dérobe un chéquier à Augustin Tabary. Puis entreprend une campagne de harcèlement, désormais habituelle : elle vole des lettres, bave sur son compte. Quand celui-ci proteste, elle le prend de vitesse ; elle dépose plainte contre lui pour vol de bijoux et de numéraire. La plainte s'enlisera. Décidément, Simone Weber ne s'arrange pas...

Face à cette virago qui pratique la méchanceté comme un sport routinier, la vie est difficile. Philippe, son fils, s'en va chez sa sœur Danielle. Ils vont s'installer dans les Ardennes. François, l'un des jumeaux, reste fidèle à sa mère. Il est le seul que Simone Weber ne veut pas déshériter. Elle envoie une lettre aux trois autres enfants pour expliquer que, lui, il ne l'a pas abandonnée. Elle lui laisse donc sa voiture, quand elle mourra. En attendant cette date lointaine, Simone essaie de gagner sa vie : à force de réfléchir, de remâcher ses griefs contre sa famille, elle met au point une stratégie pour s'emparer de la maison familiale de Foug, qui est restée indivise depuis la mort du père, en 1970. Il faut, pour cela, rassembler les héritiers Weber : la mère, puis Nicole, Simone, Jacques, Madeleine et Paulette. C'est mission impossible. Mais Simone, à force de discussions, obtient que chacun vende sa part pour un total de soixante-quinze mille francs. Jacques Weber fait des difficultés ? Elle surmonte l'obstacle à sa façon. Jacques arrive pour quelques heures, se rend chez le notaire seul et, sitôt l'acte signé en l'absence du reste de la famille, reprend le train. Sans même aller voir sa mère ? Bizarre. On s'apercevra plus tard qu'il s'agit d'un figurant : Simone Weber a remplacé Jacques, qui n'est jamais venu, par un homme de paille. Elle refera le coup maintes fois.

Les signatures sont apposées, l'acte est prêt. La famille (en l'absence de Jacques) se réunit pour régler la question financière. Simone Weber verse un acompte à chacun, le reste devant venir plus tard. Lequel reste ne sera jamais versé, évidemment. Simone Weber pratique ainsi de petites escroqueries, de menus larcins. Rien de grave, mais rien d'innocent. Ces mini-embrouilles pourraient être considérées avec indulgence : après tout, ce sont des indélicatesses, pas des crimes. Mais Simone Weber n'est pas Arsène Lupin, elle n'a pas le sourire. Il y a quelque chose de sombre, de mesquin, de méchant, chez elle, qui provoque un malaise. Les grands escrocs sont charmants. Simone Weber est vipérine. D'ailleurs, puisque l'acte notarié de la maison de Foug ne lui plaît pas complètement, elle le refait à sa convenance. Les dates sont modifiées, certains membres de la famille sont déclarés décédés, et le prix de la maison grimpe, sur le papier, à... trois cent soixante-quinze mille francs. Pourquoi fait-elle ce faux ? Nul ne comprend. Elle est propriétaire de la maison de Foug, c'est entendu. Mais quelle folie la pousse à tout truquer ?

Un nouvel emploi se présente : Simone Weber travaille pour un journal d'annonces. Puis, bonne idée, en crée un dont elle devient la patronne. L'ennui, c'est qu'elle ne paie pas l'imprimeur. Lequel fait placer l'entreprise en dépôt de bilan. Simone Weber est de nouveau à vau-l'eau. D'autant plus que François, son fils favori, a trouvé un travail... en Irak. En 1977, c'est la lune de miel entre la France et le pays de Saddam Hussein. Les affaires sont florissantes. Les Français ont même installé une centrale nucléaire, Osirak, que les Israéliens vont s'empresser de bombarder.

Toujours est-il que Simone Weber est seule. Elle entend bien ne pas le rester. Par petites annonces, elle fait la connaissance d'un militaire à la retraite de soixante-dix-sept ans, sans enfants, Marcel Fixard, un ancien adjudant-chef de la Coloniale. Il ne lui reste plus beaucoup de temps à vivre.

5

L'AFFAIRE FIXARD

Marcel Fixard est un homme simple, qui mène une existence tranquille à Rosières-aux-Salines, près de Nancy. L'inspecteur Christian Jacques raconte : « Marcel Fixard avait passé une petite annonce pour, au départ, avoir une dame de compagnie. Et puis Simone Weber s'est présentée. Je pense qu'elle a dû flairer la bonne affaire. Il ne faut pas oublier qu'elle n'avait pas beaucoup de revenus, à l'époque : elle ne travaillait pas, donc elle a dû se dire je vais essayer de mettre le grappin sur le père... » Fixard est veuf depuis quatre ans, et cet ancien militaire supporte mal la solitude. Dès le début, Simone lui envoie des lettres : peu à peu, elle entre dans son intimité. Quand il lui répond, elle s'extasie, parle de « rayon de soleil » dans sa vie et... se fait appeler *Monique*. Marcel Fixard ne connaît donc pas Simone Weber. Quand il vient la voir il lui donne du « Monique chérie », et l'affaire avance bien. Fixard raconte sa vie d'antan, ses cinquante années de mariage, est certain que la vie est faite pour être vécue à deux. Il a été heureux, il le sera encore, pense-t-il. Il insiste pour épouser *Monique*. Elle fait sa distante. Il insiste encore.

Finalement elle arrive avec ses valises chez lui pendant l'été 1977 et, après mûre réflexion – elle veut vaincre, dit-elle, sa timidité naturelle –, elle s'installe à Rosières-aux-Salines. Marcel Fixard a bien noté qu'il y a une grande différence d'âge entre eux, mais *Monique* est plus jeune qu'il ne le croit. Elle le persuade qu'elle « fait jeune ». En fait, elle désire juste atténuer l'écart. Il y a un autre détail : Marcel ne veut pas entendre parler d'enfants. Elle l'assure qu'elle n'en a jamais eu. Et François ? Ah, le petit François, là, sur la photo ? C'est un neveu. Le fils de sa sœur Madeleine. Tout va bien, donc : les deux tourtereaux font des projets d'union. Pour un peu, on entendrait les violons dans les nuages...

Mais un autre malheur frappe Simone Weber. Son fils Philippe, appelé pour faire son service militaire en Allemagne, se suicide d'un coup de pistolet à Schusterthal, en République fédérale. Il a laissé une note : « Pour moi, vivre, c'est la liberté. Il y a beaucoup trop d'injustice sur terre à notre époque. Pourquoi l'armée pour nous autres jeunes qui aimons la liberté, vivre sans rien de plus ? L'armée = le meurtre de nos frères, l'armée qui brise les grèves des travailleurs en lutte. Moi, je dis non à tout cela. » Cette deuxième disparition est terrible pour la mère. Me François Robinet, qui a été l'avocat de Simone Weber, analyse : « Perdre un enfant, c'est le pire des malheurs qui peut frapper un père ou une mère. En perdre deux, sur les cinq qu'elle avait mis au monde, c'est quelque chose qu'elle a toujours revécu, à chaque instant de son existence. »

Certes. Mais cette douleur-là n'excuse rien et, surtout, ne se superpose pas à celle que Simone Weber va infliger à d'autres. Patricia Hettier, qu'il ne faut pas oublier dans le maelström de cette vie tourmentée, est formelle : « On dit : elle a souffert de son enfance, elle a souffert de sa vie de mère, mais je pense que si on souffre tellement, je ne vois pas l'intérêt de faire souffrir les autres. » L'intérêt ? Il y en a un : la vengeance. Contre le monde entier.

Du coup, évidemment, le mariage passe au second plan. Simone Weber se réfugie dans la solitude. Elle va à Berlin voir son fils François, qui vit là-bas après être passé à Bagdad. Quand Marcel Fixard téléphone à Berlin, elle lui dit que son neveu est mort et qu'elle a besoin de calme. Quand elle revient, quelque chose met la puce à l'oreille du retraité. Un jour qu'il reçoit une amie, *Monique* lui fait une scène de jalousie. Il n'apprécie pas. *Monique* passe de plus en plus de temps avec Marcel Fixard. C'est une vie commune par à-coups. Ils se disputent un peu, elle s'en va, puis ils se réconcilient et *Monique* passe la nuit chez son fiancé. Ils font chambre à part, évidemment. Un soir, alors que Marcel Fixard est couché, il entend du bruit dans la cuisine. Le temps qu'il se lève, un coup de feu éclate. C'est *Monique* qui, en manipulant une carabine, a tiré dans le plafond. Dès lors, Marcel Fixard est de plus en plus méfiant. Leurs rapports s'enveniment : elle envahit sa vie, réordonne son armoire à pharmacie, fouille dans les tiroirs. « Tu es fatigué », lui dit-elle. Elle a fait des études d'infirmière, affirme-t-elle, et lui conseille des injections de vitamines. Elle va les lui administrer. Il renâcle. Il se plaint que, lorsqu'elle est là, elle ne s'occupe pas de la maison. Le linge sale traîne, elle ne consent pas à faire la cuisine. Marcel Fixard rêvait d'être câliné, c'est réussi. Mieux : elle lui prend son carnet de Caisse d'épargne et, quand il se plaint, elle l'accuse – lui – de voler de l'argent dans son sac à main. Elle garde les clés de la maison. Marcel Fixard a beau être âgé, il n'est pas gâteux. Il fait changer les serrures de toutes les portes.

En province, il n'est pas rare de voir ces couples de retraités qui se reforment après avoir subi un veuvage de part et d'autre. À Rosières-aux-Salines, les habitants ont pris l'habitude de voir « Madame *Monique* » aller chez le vieux Fixard. On murmure : mais oui, elle a été professeur de philosophie, madame *Monique*, et elle a cessé d'enseigner. À soixante-deux ans (elle en a quarante-sept, en réalité), elle est seule, après avoir perdu son mari. Elle va, elle vient, elle appartient au paysage. Bien sûr elle a ses petites manies – ainsi, elle porte une perruque de cheveux blancs qui la vieillit – mais qui n'en a pas ? Quand elle est là, elle fait des piqûres de vitamines à son Marcel, qui a l'air de plus en plus fatigué. Bizarrement, il retrouve la forme quand elle s'absente. Elle fait des allers et retours à Strasbourg où, sans rien dire à personne, elle entre en contact avec les esprits par l'intermédiaire d'un médium. Ce dernier lui annonce que Philippe Thuot, son fils, « fait des randonnées merveilleuses ». L'année 1977 se termine sur cette note optimiste.

Marcel Fixard s'impatiente : elle veut ou elle veut pas ? Il ne sait pas que sa *Monique* est toujours mariée avec Jacques Thuot. Si bien que, lorsqu'ils parlent de mariage, *Monique* fait la sourde oreille. Alors Marcel Fixard fait jouer la corde sensible : il évoque la visite d'une autre veuve, prête à refaire sa vie. Simone-*Monique* fait activer le divorce, qui est facile, puisque les époux ne se sont pas vus depuis dix-huit ans. Pourquoi ce divorce est-il si urgent, tout à coup ? Parce que Simone peut enfin se remarier. Curieuse logique car, pour se remarier sous un faux nom, a-t-on besoin d'être en règle ? Tout le personnage de

Simone Weber est là : logique mais illogique, terre à terre mais chaotique.

Du coup, la voie est libre. Mais il ne faut pas que Marcel Fixard découvre quoi que ce soit. Simone Weber se prépare un faux : elle falsifie une fiche d'état civil, modifie son nom et sa date de naissance (elle est née, déclare-t-elle, le 28 octobre 1915). Elle demande – et obtient – un acte de décès concernant René Thuot, un vague parent de son mari, lequel René est mort en 1945. Il aura donc du mal à protester. Elle retouche le document et, par magie, René devient son ex-mari, décédé en 1972. Un coup de tampon là-dessus, un de ces tampons conservés dans la Cocotte-Minute, et le tour est joué. Pour rassurer Fixard, elle fabrique aussi un testament par lequel elle lègue tout à son fiancé, signe « Thuot-Weber » et ajoute, en bas de page, « saine de corps et d'esprit ». Elle montre ce testament juridiquement invalide à Marcel qui s'empresse de lui faire cadeau de la réciproque. Il dicte : « Je soussigné Fixard Marcel, retraité militaire, né le 26 mai 1900 à Hennemont, Vosges, résidant à Rosières-aux-Salines, Meurthe-et-Moselle, déclare instituer pour légataire universelle en toute propriété Mme Thuot-Weber Simone. Je révoque toutes dispositions antérieures. Fait à Rosières-aux-Salines, le 17 janvier 1979. Sain de corps et d'esprit. » Tiens tiens, *Monique* est redevenue Simone ? Le document précise, en un trait d'humour noir inconscient, que « Fixard Marcel » habite... rue de l'Abattoir.

Fixard Marcel a-t-il réellement dicté ce testament ? Ou est-ce un document issu de l'officine de faux papiers Weber ? Toujours est-il que, quelques semaines plus tard, Marcel Fixard dicte de nouvelles dernières volontés. Cette fois-ci, il lègue tout à son neveu Marcel Retourna, et fait authentifier le testament par-devant Me Breton, notaire à Dombasle. Simone Weber, qui n'est nulle part mentionnée dans cette nouvelle donne, ignore ces dispositions. Persuadée d'être la seule et unique légataire, elle met les bouchées doubles. Elle envoie une lettre au procureur de la République, dans laquelle elle demande la dispense des bans. Le futur marié est âgé, plaide-t-elle, et monsieur le procureur serait-il assez aimable pour répondre à l'adresse suivante : 35, rue de l'Abbé-Grégoire, à Nancy ? C'est le domicile de Marcelle Weber, la mère de Simone. Pourquoi cette adresse ? « Parce que des voyous cassaient ma boîte aux lettres, chez moi », dira-t-elle plus tard. Certes, mais alors pourquoi pas chez Fixard lui-même ? « Il me demandait de m'occuper de ses affaires. » Drôle de raison. En tout cas, le procureur n'y voit pas d'inconvénient : il décide que les époux seront dispensés de bans. L'autorisation transite par la gendarmerie. Qui, plus tard, n'en retrouvera aucune trace.

Quand le village apprend que ce mariage est décidé, c'est l'étonnement. Christian Jacques, au cours de son enquête ultérieure, recueillera les échos de cette surprise : « Personne n'est au courant que Marcel Fixard a l'intention de convoler en justes noces avec Simone Weber. Ç'a été une surprise pour tout le monde, que ce soit au niveau de la municipalité, du voisinage ou de la famille. » Tous les témoignages recueillis par l'inspecteur Jacques vont dans ce sens. Quant à Marcel Fixard, il échange une correspondance discrète avec son neveu Marcel Retourna, soupçonnant que Mme *Monique* lit ses lettres. Sait-il seulement qu'il est sur le point d'être marié ? Sûrement pas. Car, dans ses missives, il insiste sur le fait qu'il continue à fréquenter des agences matrimoniales. Et les bans ? Il n'est pas au courant, manifestement. Il s'occupe : sa maison de Rosières est ravalée. Il la fait repeindre en bleu. Le détail aura plus tard son importance. Visiblement, l'ancien militaire aime son pavillon : il n'a jamais voulu le vendre et prévoit d'attaquer l'autre façade l'année prochaine.

Simone va, vient, disparaît, réapparaît. Marcel Fixard se méfie parfois, laisse entendre qu'elle est insupportable, puis la revoit. Il prend toujours ses piqûres remontantes. Il déclare à des amis que cette femme l'ennuie : elle lui a volé de l'argent, des objets ont disparu chez lui. Le vieux monsieur semble très agacé...

Sa sœur, Thérèse Fixard, meurt en mai 1980.

Marcel organise les obsèques à l'église de Hennecourt et, pendant la cérémonie, est saisi d'un malaise. Simone le soutient. Puis propose de le reconduire à Rosières. Il prend rendez-vous avec son neveu pour la semaine suivante et rentre chez lui. L'ennui, c'est que son malaise s'est aggravé. Des voisins aident Simone à porter son futur mari sur une chaise. Arrive le Dr Sternberg, qui décèle un petit accident vasculaire, prescrit des comprimés d'Atarax et s'en va. Ce n'est rien de bien sérieux, juge-t-il. Le malade, lui, est plus pessimiste. Peut-être a-t-il des raisons de l'être : « Je suis foutu. » Simone lui fait encore quelques piqûres et, le lendemain, le malade est retrouvé « en état de mort apparente ». Le médecin diagnostique un « choc cardiogénique ». À bientôt quatre-vingts ans, il est vrai qu'on peut être fragile. Les voisins notent quand même que l'homme était bien portant et concluent qu'« on est bien peu de chose ». Prévenu par un ami commun, Marcel Retourna arrive pour les obsèques et, dans le magasin de pompes funèbres, éprouve un choc – qui n'a rien de « cardiogénique » – quand il entend le croque-mort donner du « Madame Fixard » à Simone. Elle confirme : ils se sont mariés. Or, la veille, on a encore bien entendu Marcel Fixard dire « Madame *Monique* » à sa compagne. Partout il la présentait comme « une amie ». De plus en plus bizarre...

Marcel Retourna vérifie. Et il apprend que

Simone Weber a épousé Marcel quelques jours avant sa mort, le 22 avril 1980. Il n'y a pas eu de bans. Tout semble concorder : Marcel Fixard a bien été reçu pour la visite prénuptiale par le Dr Gutmann à Strasbourg, Simone a déposé les papiers à la mairie de la même ville et, selon elle, ils s'y sont mariés devant Jacques Bon, conseiller municipal, substitut du maire. Pourquoi pas à Rosières ? « Parce qu'il ne voulait pas. » Il y a eu un témoin, Odette Kremer, une vieille connaissance de Simone, serveuse dans une auberge. Le deuxième témoin est un employé de la mairie.

Quand les policiers, mandatés par le juge Thiel, viendront enquêter sur cet étrange mariage, numéroté 354 sur les actes municipaux, ils iront de surprise en surprise, une fois de plus. Car la question, alors, se posera : le mariage a-t-il réellement eu lieu ? Même François Thuot, pourtant le fils favori de sa mère, n'en a pas été prévenu. Les policiers, en 1986, vont voir Jacques Bon, le fameux conseiller municipal de Strasbourg qui a célébré l'union. A-t-il vérifié les papiers du fiancé, Marcel Fixard ? Sans doute. Se souvient-il du personnage ? Non. Les policiers se tournent alors vers Odette Kremer et lui montrent une photo de Fixard. Celle-ci est formelle : le marié était un septuagénaire maigre, dont un œil « louchait ». Or Marcel Fixard ne louchait pas. Le juge Thiel va approfondir et faire comparer les signatures. Celle qui figure sur le registre de la mairie de Strasbourg ne ressemble en rien – en rien ! – à celle de Fixard. Placée devant ces contradictions, Simone Weber va se murer. Pourquoi lui chercherait-on des poux dans la tête ? Elle est la veuve de Marcel Fixard, voilà tout.

Alain Lambolez, lui, en policier consciencieux, a effectué les vérifications : « Nous avons été entendre notre témoin [*Odette Kremer*] à son domicile, en Alsace. Dans le cours de notre audition, on lui présente une photo de monsieur Fixard. On nous répond : "Je ne le connais pas, celui-là ! je ne l'ai jamais vu !" L'homme qu'on nous décrit n'a rien à voir avec Marcel Fixard... »

Il faut se rendre à l'évidence : selon toute probabilité, Simone Weber a engagé un figurant. Mais, au moment des faits, personne ne soupçonne la supercherie.

La succession de Marcel Fixard, en 1980, est donc ouverte. Il faut la régler. Simone Weber, stupéfaite, apprend que le disparu a dicté un nouveau testament. Elle enrage. Mais voyez comme les choses sont bien faites ! Trois jours plus tard, elle découvre, ô surprise, que Marcel Fixard avait dicté un autre testament, encore plus récent, dont tout le monde ignorait l'existence ! Trois jours avant sa mort... Et là, évidemment, Simone

Weber est désignée comme légataire universelle. Quelle chance ! Elle l'a échappé belle. Elle hérite donc de tout. Un peu d'argent, près de cent mille francs. Et la maison. Or le notaire apprend que la maison a déjà été vendue à Simone Weber, en janvier dernier. Marcel Fixard a vendu sa maison ? Première nouvelle. Et ses projets de ravalement, pour l'année prochaine ? Une erreur. Et sa promesse de la léguer à Marcel Retourna ? Simple divagation. Comment se fait-il que la mairie de Rosières n'ait aucune trace de cette vente ? Mystère total.

Là encore, le système Weber est claudicant. Car pourquoi Fixard aurait-il vendu sa maison à une femme qu'il allait épouser quelques semaines plus tard ? En 1986, le juge Thiel va examiner de plus près l'acte de vente. Lequel a été signé à Foug, bien loin de Rosières, chez le notaire Bour. Les policiers se rendent donc à Foug. Là, on comprend : le Marcel Fixard qui est venu vendre sa maison chez le notaire Bour était un homme qui marchait difficilement mais qui avait l'air d'avoir une soixantaine d'années, voire moins. Me Bour se souvient que Simone Weber avait fait un chèque de sept mille cinq cents francs, avec promesse de payer le reste des soixante-quinze mille francs (le reliquat du prix de vente) plus tard. Et Marcel Fixard a-t-il dit quelque chose, demande le juge ? Non. Il a juste grogné. Puis il a signé. On montre des photos à Me Bour : il ne reconnaît pas Marcel Fixard. Ses deux secrétaires non plus. Le juge fait comparer les signatures. Même verdict des experts : le signataire n'est pas Marcel Fixard. Simone Weber donne encore une de ses explications ahurissantes dont elle a le secret : « Il était malade, très malade. Il avait la main qui tremblait. » Le juge demande à Simone Weber si elle a réglé le reste. Oui. Comment ? En empruntant à sa mère. Sauf qu'il n'y a aucun débit correspondant à cette somme sur le compte de Marcelle Weber. Ni aucune rentrée sur le compte de Marcel Fixard... Conclusion : l'argent fantôme s'est évaporé. Car Simone Weber est certaine, elle l'affirme, elle maintient avoir payé en cash. Peut-être Fixard a-t-il enterré cet argent dans son jardin...

L'ennui, c'est que les transactions en cash sont surveillées par le Trésor, car illégales dans l'immobilier. Le fisc, en 1980, se colle aux basques de Simone Weber...

« Weber Simone » reçoit donc des demandes de renseignements, des questionnaires du fisc. Elle réagit mal, très mal. Elle jette tout à la poubelle. C'est un réflexe que les gens du Trésor n'aiment pas. Finalement, on la taxe et lui colle une amende de 200 %. Là, Simone Weber essaie de s'expliquer. Mais ses raisons sont tellement tortueuses, ses éclaircissements tellement alambiqués, que personne n'y croit. Les agents des impôts ne sont pas nés de la dernière pluie. Ils sont naturellement méfiants. Dans l'histoire, ils seront les seuls à ne pas se laisser berner par « la bonne dame de Nancy ». Ils épluchent d'abord les comptes : Simone Weber, à l'époque, vit d'un petit trafic de voitures. Elle achète des véhicules en piteux état, les fait retaper et les revend avec un bénéfice. Tout se fait au noir, bien sûr. Elle emprunte, gratte, oublie de rembourser, lâche un peu d'argent au garagiste, discute ses factures d'électricité, évite les créanciers, renâcle à payer son loyer, raconte un bobard à l'un, n'importe quoi à l'autre. Traquée par les huissiers et les clients mécontents, elle se terre, assure qu'elle a été malade, invente des contes de fées. L'héritage de Marcel Fixard – cent mille francs – est bien tombé. L'adjudant-chef a eu le bon goût de mourir en laissant un compte d'épargne, qui appartient désormais à son épouse. Simone Weber paie ses dettes les plus criantes, et, la mort dans l'âme, calme le fisc.

Des faux papiers, des actes de vente bidons, des figurants... Quelle comédie ! Le juge Thiel, en 1986, épluche toute cette affaire. Qui a toutes les apparences d'un meurtre déguisé : le pauvre Marcel Fixard n'aurait-il pas été poussé à rejoindre un monde meilleur dans des délais qui arrangeaient Simone Weber ? Ce serait un crime presque parfait... Mais le jury, quelques années plus tard, blanchira Simone Weber. Marcel Fixard, pour la justice, est mort naturellement.

6

UN MORT BIEN ARRANGEANT

Au fond, Marcel Fixard a bien fait les choses. Il a vendu sa maison, s'est marié secrètement, a signé un testament trois jours avant le grand départ puis est gentiment mort, ses affaires en ordre, pour la plus grande satisfaction de Simone Weber. C'est un monsieur bien arrangeant.

Mais, en 1986, le juge Thiel, placé devant cet amoncellement de faits extravagants, ne l'entend pas de cette oreille. Il raconte : « On soupçonnait Simone Weber d'avoir empoisonné son mari Marcel Fixard, décédé très peu de temps après son mariage tout à fait particulier. Très peu de temps aussi après l'acquisition de digitaline sous une fausse identité, à l'aide d'une ordonnance falsifiée... » De la digitaline... un médicament qui, administré au fil des mois à Marcel Fixard, aurait pu le tuer à petit feu... Le magistrat ordonne alors l'exhumation du cadavre et une analyse toxicologique. L'expert, Michèle Rudler, ne trouve rien de concluant : « Tout avait été dégradé. Six ans plus tard, on peut toujours dire que c'est une fraction de telle molécule, de tel ou tel toxique, mais sans certitude. Moi, j'ai émis un doute, j'étais incapable de dire : "C'est ça." »

Le juge, alors, s'intéresse au contenu des fameuses injections que faisait Simone à son « fiancé ». Il sait qu'elle aime les médicaments, et en conserve beaucoup chez elle. Là-dessus, on découvre une série d'ordonnances émises par les Drs Durupt, Sternberg et Gutmann, à quelques jours d'intervalle. Ces actes ont permis à Simone Weber d'acheter du Rohypnol – un puissant somnifère. Du Valium, un tranquillisant, mais encore du Mogadon, du Néocodion, du Théralène... Et, surtout, de la digitaline. Il s'agit là d'un médicament destiné aux cardiaques et, comme tel, soumis à des dosages et des règles d'emploi très strictes. Voilà qui est curieux : de puissants calmants et un stimulant cardiaque ? Quelle étrange association ! se dit le juge, qui constate que les quantités sont importantes. En plus, toutes les ordonnances sont fausses... Le juge Thiel interroge Simone Weber. Se servait-elle de digitaline ? Non. D'où venait la digitaline trouvée chez Marcel Fixard ? De son ancienne épouse. Le juge Thiel est embêté : la digitaline est un produit qui disparaît très vite dans le sang après la mort.

Impossible d'en déceler des traces dans les tissus, donc.

La digitaline se présente sous forme de comprimés, dont Simone Weber avait acheté deux boîtes (chacune comprenant quarante pilules)... Mais a-t-elle dissous ces comprimés ? Les a-t-elle injectés ? Les a-t-elle fait boire dans un liquide ? Ou, simplement, n'en a-t-elle rien fait ? C'est ce qu'elle prétend.

Le juge, néanmoins, la fait inculper (on ne dit pas « mettre en examen », à l'époque) de meurtre sur la personne de Marcel Fixard, en 1987. Simone Weber, alors, est déjà en détention provisoire pour le meurtre de Bernard Hettier.

Revenons en arrière, en 1980 : son vrai-faux mari décédé, Simone Weber profite de l'embellie. Elle a enfin un peu d'argent, elle peut souffler. Les ragots des voisins qui murmurent sur son mariage secret et sur la vente de la maison, elle n'en a cure. Elle est plus forte qu'eux, plus forte que tout le monde. Au point que, déjà, ladite veuve Fixard se remet en quête. Maintenant que le système est bien rodé, il suffit de continuer. Elle cherche donc un autre compagnon. De nouveau, par petites annonces, elle contacte des fiancés potentiels. Elle se présente comme ex-professeur de philosophie, donne de fausses identités, raconte des bobards. A-t-elle « pété les plombs » ?

Un jour, elle décide d'aller voir Brigitte Lamoureux, sa fille, mariée, qui habite Épinay-sur-Seine. Chemin faisant, Simone Weber fait un crochet par son village de jeunesse, Ancerville. Il est midi. Elle aperçoit la mairie, y entre. Elle y est déjà venue plusieurs fois, sous des prétextes divers. La plupart des employés sortent pour déjeuner. Simone Weber, elle, profite de ce vide. Elle monte dans les étages.

Quand les employés reviennent, vers 13 h 30, ils entendent du bruit dans le grenier, là où sont les archives. Ils montent, découvrent plusieurs autres jeux de clés du grenier disséminés dans l'escalier – sur les radiateurs ou par terre – et prennent Simone Weber en flagrant délit. Elle est en train de fouiner partout. La maréchaussée est prévenue. Les gendarmes se saisissent de la curieuse et vont inspecter sa voiture, une Renault 15. Là, ils tombent des nues : dans le coffre, il y a des piles d'actes de naissance, des papiers officiels, des actes civils, bref tout un bureau. On regarde de plus près et c'est instructif : les documents ont tous été « corrigés », découpés, recollés, surlignés. La signature du maire est imitée. Il y a aussi des copies de l'acte de mariage avec Marcel Fixard, mais totalement falsifiées. Que diable, se demandent les gendarmes, à quoi tout ce saint-frusquin de faussaire peut-il bien servir ? Ils vont donc perquisitionner chez la bonne dame aux yeux bleus, au 158, avenue de Strasbourg. Deuxième surprise : il y a là des tonnes de tampons officiels. Volés dans des mairies, des préfectures, des sociétés commerciales, des études de notaires... Quel but poursuit Simone Weber ? Elle s'agite pour percevoir une pension de veuvage. Mais enfin il n'y a rien de grave là-dedans, juste des petites escroqueries faites par une piquée, voilà tout. Les gendarmes baissent les bras. Elle sera plus tard condamnée à une amende de deux mille francs par le tribunal de Bar-le-Duc, pour « vols et falsification de documents administratifs ». En prime, trois mois de prison avec sursis.

En fait, il y a eu probablement un bouleversement profond chez cette femme. Sa rencontre avec Marcel Fixard a déterminé le reste de sa vie : elle a compris que, moyennant quelques petits coups de pouce, on peut arranger l'existence. Il suffit d'un peu d'obstination. Quand on regarde quelqu'un dans les yeux, qu'on affirme une chose, celle-ci devient vraie. Les gens osent rarement la mettre en doute. Deuxième constatation : on peut battre le système. Employés négligents, papiers falsifiés, mensonges éhontés, tout passe. C'est simplement affaire de volonté. La morale, là-dedans, n'a rien à voir : les victimes, on le saura plus tard, sont considérées par Simone Weber comme des « sagouins ». Patricia Hettier l'apprendra à ses dépens.

Yvette Georges, la nièce de Marcel Fixard, se porte partie civile. En prenant connaissance de l'inculpation de Simone Weber, elle aura une réaction de satisfaction : « Je suis contente qu'elle reste en prison. C'est une femme que je n'estimais pas beaucoup. Elle était mielleuse. Je ne l'ai vue que deux fois, mais elle ne m'a pas fait bonne impression. Elle avait un comportement bizarre avec mon oncle qui était un homme très droit, un Vosgien têtu qui ne se laissait pas faire. »

Simone Weber a-t-elle tué Marcel Fixard ? Pour la justice, non. Elle sera lavée de ce chef d'inculpation, déclarée innocente. Pour l'opinion, c'est une autre chanson. Le doute ne sera jamais levé. Et franchement, au vu des pièces à charge, il y a de quoi se poser des questions sur la mort naturelle de l'ex-militaire. Pourtant, la chose jugée est formelle. Simone Weber est innocente. Innocente, vous dit-on !

7

INTERVIEW DE SIMONE WEBER PAR CHRISTOPHE HONDELATTE (2)

– Avez-vous été une jeune fille blessée, une mère de famille blessée ?

– J'ai eu une enfance assez heureuse. Mes parents se sont séparés quand j'étais très petite. Ils se sont partagés les meubles et les enfants. Moi et ma sœur étions avec papa qui avait refait sa vie. Les deux autres, avec maman.

– Malgré ça, c'était une enfance heureuse ?

– Oui, parce que papa avait refait sa vie, et sa compagne c'était plus qu'une mère. C'était une personne que je continue à chérir. Mais à la guerre toute la famille est venue, avec mes cousines, tout le monde... Les Allemands arrivant, papa voulait nous emmener tous mais ma grand-mère souffrait et ma tante a dit : « Je ne pars pas. » Il a donc fallu que cette seconde maman s'en aille et que papa aille rechercher sa première femme avec les deux autres enfants. Parce que quand on vit dans la débâcle, on doit être ensemble.

– Vous avez été une mère brisée par la vie ?

– Oui. Vous savez, la mort de Catherine a été... Aller à une réunion de parents d'élèves... J'étais en train de bavarder avec madame le censeur quand François est arrivé en larmes : « Maman, viens vite, Catherine est en train de mourir à l'infirmerie ! » Quand je suis arrivée, on lui faisait déjà la réanimation artificielle, et paraît-il qu'elle était déjà morte. Quand j'ai vu qu'on lui faisait le bouche-à-bouche, je suis partie en courant voir madame le censeur pour lui demander d'appeler l'aumônier pour faire l'extrême-onction. Dans l'intervalle, le curé de la paroisse était arrivé et, quand on m'a dit qu'on ne pouvait rien faire... « Mon Dieu, vous n'avez pas le droit, ce n'est pas possible ! » C'est encore maintenant épouvantable.

– Vous avez perdu par la suite un deuxième enfant...

– Plus rien ne peut être pareil, après. Philippe avait été sursitaire, enfin tous les deux... Il avait vingt-deux ans et s'est tué en partant prendre son service militaire. Il nous a téléphoné – j'étais chez maman quand il avait reçu le papier : « Ça y est, je pars. Je vous téléphone lundi pour vous dire comment c'est, l'armée. » Et à 8 heures, il était mort. Il est parti vers 5 heures de la maison, et à 8 heures il était mort. Ç'a été une deuxième... catastrophe n'est pas le mot... un déchirement.

Vous savez, quand on vit des choses pareilles, les mots...

– La Simone Weber après ces deux morts tragiques n'est pas la même que celle d'avant ?

– Si. Je n'ai pas été assassiner Bernard Hettier vingt-cinq ans après... Ça ne tient pas debout. C'est de la folie, faire un rapprochement entre deux choses comme ça. Il faut vraiment être... ne pas être net dans sa tête, c'est des malades mentaux qui tiennent des propos pareils.

– Parce que, fondamentalement, vous êtes une battante ?

– J'ai travaillé. Mon mari a changé. Rapidement, il est devenu impossible. Moi, j'ai toujours été élevée dans l'affection, dans l'honneur. Je n'ai jamais vu mes parents se disputer, se battre, rien de tout ça. Ils se séparaient en totale collaboration. Ils n'étaient pas heureux ensemble, mais moi je n'ai jamais vu ça. J'allais à l'école à Nancy et je prenais mes repas chez mon oncle. Alors que chez les Hettier qui m'ont accablée, ce sont des gens qui se battent[1]. Bernard Hettier se battait avec les femmes avec qui il a vécu. Je l'ai su par sa sœur, Monique Goetz. À l'enterrement, les gens que c'est ! Voilà des gens qui m'ont salie, traînée dans la boue, et ces gens qui se battent après avoir enterré la grand-mère, qui rentrent à la maison,

1. Sous-entendu : qui se battent entre eux.

qui se sautent dessus pour se battre un quart d'heure après, mais c'est la pire basse classe, et on voudrait que moi j'aille tuer un homme d'une famille aussi honteuse ! Mais enfin, ce n'est pas pensable !

8

BERNARD HETTIER ENTRE EN SCÈNE

En 1981, Simone Weber croise une ancienne connaissance, Bernard Hettier. Rappelons qu'il y a quelques années celui-ci vivait avec Marthe Speicher, une collègue de travail, et que Simone a vaguement fréquenté le couple avant de le perdre de vue. C'est l'automne : le temps incite à se calfeutrer pour bavarder, et Bernard a rompu avec Marthe. En se revoyant, Simone et Bernard se racontent les dernières nouvelles. Elle décrit son mariage avec Marcel Fixard, explique qu'elle va déménager. Lui écoute, et donne un coup de main. La tondeuse à gazon de Simone est en panne ? Il la répare. Il reste un moment, s'attarde. S'attarde tellement, d'ailleurs, qu'il s'installe avec Simone au bout de quinze jours. Très vite, on les considère comme un couple.

Bernard Hettier est un homme sympathique. Il travaille à Dombasle, pour la société Solvay – un fleuron de l'industrie chimique –, depuis 1963. Il y est conducteur d'appareils au service chlorure. Mais il a roulé sa bosse. Autrefois, il a fait un passage dans la confiserie, a été employé comme infirmier dans un centre psy, puis a fait le livreur pour Danzas. Il prend la vie comme elle vient et, à cinquante et un ans, a vu ses enfants grandir : un garçon et trois filles. Ses deux divorces ont été des moments difficiles. Il est séduisant, et quelques maîtresses se sont succédé, dont Marthe Speicher. Un homme avec un tel passé : il en faut peu pour que la vieille jalousie de Simone Weber se réveille. Et, très vite, elle reprend ses manies paranoïaques. Au lieu de vivre cette liaison avec plaisir, en douceur, elle se focalise sur les détails. Elle se met à noter les allées et venues de son amant, écrit soigneusement les dates, les noms, les adresses, les numéros de téléphone des gens qu'il voit. Parmi les ex de Bernard Hettier, il y a Nathalie, trente-cinq ans. Celle-ci a beau être mariée, Bernard continue à la voir de temps en temps. Il a une maison de campagne à Charmois-l'Orgueilleux, où il se retire le week-end ? C'est louche. Simone Weber commence par subtiliser quelques lettres, recopier des passages. Elle cache le fruit de ses larcins chez elle, dans la maison héritée de Marcel Fixard, sous la moquette. Peu à peu, elle se persuade qu'il la trompe. Commence alors le tango des reproches : de sa voix haut perchée, couinante, Simone se plaint, se plaint de tout. Il n'est pas fidèle, elle a besoin de lui, il la délaisse, comment va-t-elle vivre ? Peu à peu, les reproches se font plus vifs, plus acérés, et le ton plus acerbe. Elle lui écrit « menteur, dissimulateur, traître », elle trouve qu'il n'est pas attentif. Bernard Hettier, lui, laisse glisser. Quelques mois passent, le couple s'aigrit. Au bout d'un an, l'ambiance est franchement déplaisante.

Tout en continuant à se livrer à son petit trafic de voitures d'occasion, Simone Weber ne perd pas de vue ses affaires d'argent. D'ailleurs, Bernard Hettier a noté que quelques chèques, chez lui, ont disparu. On les retrouvera dans une boîte de chocolats, chez Simone. Que veut-elle en faire ? Mystère, une fois de plus. Toute la vie de Simone Weber est une succession de cachotteries et de misérables secrets. Quand Marcelle Weber, la maman, meurt en janvier 1983, l'enterrement est l'occasion, pour Simone, de présenter Bernard à sa famille. C'est une façon d'officialiser la chose. Mais Bernard Hettier se fatigue de cette femme qui le houspille tout le temps, qui déclenche des scènes de ménage constantes. Il a besoin d'un peu de douceur, pas de cette virago.

D'ailleurs, les choses empirent. Simone se met à le filer, à lui faire du scandale dans la rue. Il renâcle. Un jour, elle affirme qu'elle va le soigner, faire la cuisine, le bichonner. Il revient. Momentanément, les choses s'arrangent : Bernard Hettier prête sa voiture, la « Bernadette », une Renault 9 bleue, à Simone quand celle-ci va voir sa fille Brigitte et son gendre Pascal Lamoureux à Épinay-sur-Seine. Avec le même véhicule, Simone va rendre visite à sa sœur Madeleine, qui vient de s'installer à Cannes. Les coups de téléphone silencieux dont elle se plaint existent-ils vraiment ? Nul ne sait. Elle affirme qu'il s'agit de maîtresses de Bernard, lesquelles voudraient l'impressionner, l'écarter. Et, de nouveau, elle se remet à tout noter. Le kilométrage de la Renault, les rencontres de Bernard, les sorties d'argent, tout. Pourquoi lui vole-t-elle de l'argent ? Certes il s'agit de petites sommes, de petits chèques, et elle imite sa signature plutôt mal. Il se doute bientôt de quelque chose, et les « petits plats » ne suffisent plus à le satisfaire. Fait-il mine de s'éloigner d'elle ? Simone Weber réagit. Elle renforce la surveillance. Cette femme, c'est le KGB en charentaises. Avec une minutie terrible, au mètre près, elle sait quelle distance il a parcouru ; au centime près, l'argent qu'il a dépensé. Ah oui, il la trompe, c'est certain. Il n'est pas question de rester les bras croisés. Elle embauche une chômeuse pour filer Bernard. Celle-ci est si maladroite que Hettier s'aperçoit de la surveillance dont il est l'objet. « Je voulais vérifier s'il était “sage” », expliquera plus tard Simone Weber.

Il ne l'est pas. Bernard Hettier s'est mis à fréquenter une veuve, Monique Nus. Devant un ami coiffeur, Hettier se confie : il est lassé de Simone, elle lui a volé des clés, elle est insupportable. Elle fouille chez lui, il retrouve ses affaires déplacées, elle lit son courrier, écrit à ses créanciers, subtilise ses factures. Il y a de quoi perdre patience : Simone Weber s'infiltre dans chaque recoin de sa vie et le harcèle. Curieusement, au lieu de la mettre dehors, il prend des gants. Il supporte. Il boude un peu, tourne le dos mais, bon garçon, ne provoque pas de rupture amère. Il fait attention à ne pas mettre Simone sur la piste de Monique Nus, dit-il au coiffeur. Quand il va prendre le café chez Simone, il reste courtois et, parfois, donne un coup de main pour la maison de Rosières-aux-Salines. Il sent, cependant, que la fatigue le gagne. Met-elle quelque chose dans le café ? Il s'endort au volant, percute un mur. Il semble touché par la narcolepsie, cette maladie qui provoque un sommeil instantané. Parfois, il titube. D'autres fois, il pique du nez au travail. Quand il rentre chez lui, c'est pour trouver Simone Weber, les mains serrées, devant sa porte. Incroyable : il la retrouve même devant chez Monique Nus ! Bernard Hettier s'inquiète : sa voiture est vandalisée. Il a conscience qu'il a affaire à une déséquilibrée. Il le dit à Colette, une amie : « Simone est capable de tuer, j'ai peur. » Simone, elle, renverse la situation : elle fait courir le bruit qu'il est « capable de la faire disparaître ». C'est du moins ce qu'elle confie à sa sœur Madeleine, qu'elle tient au courant.

De nouvelles fausses ordonnances apparaissent entre les mains de Simone Weber. Pour du Théralène, du Rohypnol, de l'Atarax. Des produits qui endorment. Bernard Hettier a des trous de mémoire, ce qui est l'un des effets secondaires du Rohypnol. Il se fait examiner : on ne lui trouve rien. Simone continue à le bombarder de reproches, de lettres. Et elle passe des coups de téléphone silencieux à Monique Nus. Finalement, Bernard Hettier en arrive au point de saturation. Et réagit comme Marcel Fixard en faisant changer les serrures chez lui. Il en a assez, plus qu'assez. Cette femme lui a dérobé des valises, des réveils, un aspirateur, un rasoir, une carte de crédit, mille objets... On se demande ce qu'elle peut en faire. Plus tard, l'une de ces valises posera un vrai problème...

En avril 1985, tout va mal. Le petit trafic de voitures d'occasion s'est terminé : le garagiste en a eu assez de ne pas être payé. Simone tire quelque sous d'une petite escroquerie aux allocations logement (elle gonfle son loyer), rend visite à des médecins qui ne lui trouvent rien, consulte une voyante, traite Monique Nus de « putain » et assure qu'elle va se suicider. Avant, elle veut vendre son terrain de Foug. Elle rédige même un nouveau testament, demande à sa nièce Annie de l'aider à filer Bernard Hettier (ce qu'Annie refuse), imite la signature de son ex-amant, ne le laisse pas en paix. C'est une peste.

Le 22 juin 1985, à 5 heures du matin, Bernard Hettier vient de finir son service à l'usine. Au lieu de rentrer chez lui, il fait un crochet chez une amie, Colette Poissy. Elle ouvre la porte. Il a l'air mal. Il explique, le visage soucieux, que Simone Weber l'attend devant chez lui, « un fusil à la main ». Et il s'endort. Il repart vers 9 heures, et Colette lui demande de téléphoner en arrivant. Ce qu'il ne fera pas. Car, en effet, le scénario qu'il craignait se réalise : Simone Weber est là, postée devant la porte, dans sa voiture. Hettier salue au passage une voisine et rentre chez lui, immédiatement suivi par Simone Weber. Quelque temps plus tard, la voisine voit les deux amants ressortir, l'air grave, et monter chacun dans son auto.

Plus personne ne verra Bernard Hettier vivant. Ni mort, d'ailleurs. Sauf Simone Weber. Laquelle sera interpellée le 8 novembre, soit quatre mois plus tard. Pendant ces quatre mois, elle a été filée, surveillée, discrètement tenue à l'œil. Désormais c'est officiel : elle est considérée comme une meurtrière probable.

9

L'ENQUÊTE DU JUGE THIEL

Méticuleux, voire vétilleux, le juge Thiel compulse le dossier Weber. Les circonstances, les témoignages, tout indique que Simone Weber, la bonne dame aux yeux bleus, est une personne redoutable. Le juge commence par se demander ce qu'est ce fusil dont Bernard Hettier a parlé à Colette Poissy. Or les différentes perquisitions ont permis de saisir une carabine Voere-Kufpstein 22 *Long Rifle* chez l'accusée. Mieux : on trouve un pistolet à air comprimé Marksman, avec des munitions en quantité. Encore plus fort : la carabine possède un silencieux. Dans le deuxième domicile de Simone Weber, on déniche une autre 22 *Long Rifle*, une Marocchi, également équipée d'un silencieux. Il y a aussi une lunette de visée, deux pistolets d'alarme, des douilles percutées. Le clou, c'est la découverte de trois bâtons de dynamite. Mais, bon sang, se demande le juge, qu'est-ce qu'une quinquagénaire banale peut bien faire avec un pareil arsenal ? Il pose la question à la prévenue, qui répond sans se démonter : elle avait peur des cambrioleurs, elle n'aime pas les armes à feu mais il faut qu'une femme seule puisse se défendre, n'est-ce pas, « mon juge » ? Et la dynamite, demande celui-ci ? Là, par contre, Simone Weber ne se souvient pas. Soudain la mémoire lui fait défaut.

Simone Weber est un personnage complexe : sous cette silhouette un peu gélatineuse se cache une femme dure. Derrière ce visage masqué par des yeux bleus, il y a un certain goût de la notoriété. Elle ne déteste pas être le centre d'attraction, et ce « mon juge », comme elle aime appeler Thiel, est une façon de s'approprier l'affaire, de manifester sa domination. Quand elle est mécontente, elle le surnomme « Touvier[1] ». C'est un jeu, et Simone s'amuse à distribuer bons et mauvais points. Évidemment, le magistrat n'est pas dupe. Il sait qu'elle ment, qu'elle ment tout le temps. Néanmoins, il tente d'établir des relations de confiance : un jour, il emmène Simone Weber au cimetière, sur la tombe de sa fille. Il raconte : « Je lui avais dit : “Madame Weber, cela reste entre

1. Le 17 mars 1994 s'ouvrirait le procès de Paul Touvier, le premier procès d'un Français accusé de complicité de crimes contre l'humanité.

nous. Je ne veux pas que vos avocats soient informés de cela." Je craignais qu'un jour les photographes de "Pourri-Match" ou de *Voici* ou de *Gala* – ça n'existait pas encore à l'époque – ne sortent comme des diables de leurs boîtes de derrière une pierre tombale et photographient le juge et l'inculpée au cimetière. C'était hors procédure. Je ne faisais pas d'acte d'instruction. Je n'étais pas là avec mon greffier et ma machine à écrire. Je ne lui posais aucune question sur l'affaire. Absolument pas ! »

Mais le juge Thiel, plus tard, attaque sur le nœud du dossier : expliquez-moi votre version de la disparition de Bernard Hettier, dit-il. Simone Weber a tout répété, visiblement, dans sa tête. Bernard Hettier ? Il est parti avec une poule, sans dire au revoir, sans adieu, comme ça, c'est sûr. Elle l'attendait le matin du 22 juin devant son domicile, certes, mais pas pour se venger ni rien. Elle avait besoin de lui. Pour quoi ? Pour déboucher un lavabo. Comme il l'évitait, elle est allée l'attendre. Oui, elle était donc devant son domicile, vers 5 heures du matin, quand Bernard Hettier est arrivé. Mais elle n'avait pas de carabine, non, non. Mais elle était là plus tard, aussi ? Ah, peut-être, en effet, est-elle arrivée vers 6 heures. Ou 7. Elle ne sait plus. Le juge en reste là.

Quelques semaines plus tard, il reprend le fil : alors, vous y étiez ou pas ? Oui, j'y étais. Vous êtes arrivée à quelle heure ? 8 heures. Elle s'embrouille un peu, explique qu'elle a laissé un mot, qu'elle a attendu dans sa voiture, et qu'elle est repartie... Bref, quand Bernard Hettier est arrivé, à 11 h 30, elle était là. Ils sont montés ensemble, il lui a donné une bouteille de déboucheur liquide, et elle est partie. Simone a vu Bernard monter dans sa propre voiture. Sans doute, dit-elle, qu'il avait rendez-vous avec Nicole ou Monique, ses deux maîtresses. Et elle l'a vu, en passant, s'arrêter, descendre de voiture et entrer au bureau de poste. Elle, Simone, a poursuivi son chemin.

Le juge confronte cette version avec celle des voisins : l'un d'entre eux, Eugène Hel, a vu Simone Weber à 9 h 30. Et il a bien noté qu'elle déposait un mot sur le pare-brise d'une voiture. Il témoigne aussi d'une vive dispute le matin du 22 juin. Eugène Hel a entendu une voix d'homme crier : « Je ne veux plus te voir ! » Puis Simone Weber lui répliquer : « Je te tuerai ! Je te tuerai ! »

Un deuxième voisin, M. Varenne, a vu Simone Weber faire le tour de la maison de Bernard Hettier, essayer d'entrer par-derrière et reprendre le mot sur le pare-brise en disant : « Tu vas payer. » Mme Étienne, une autre voisine, confirme. En effet Simone Weber est revenue plus tard, et a rejoint Bernard Hettier. Mais ils ne sont sortis que bien plus tard, vers 13 heures et non pas vers midi, comme l'affirme Simone Weber. En plus, on a entendu des éclats de voix. Une voix d'homme qui criait : « Je ne veux plus te voir » et une voix de femme qui braillait : « Je vais te tuer ! » Horaires incertains, témoignages fiables mais pas très précis.

Au fait, la poste était-elle ouverte ? Vérification faite, Bernard Hettier a bien été chercher une lettre recommandée. Mais l'heure exacte n'a pas été notée. Où est-il allé, ensuite ? Il devait se rendre chez Monique Nus, avec laquelle il avait formé le projet de partir en week-end. Ne le voyant pas, Monique Nus a commencé à s'inquiéter. Or, vers 19 heures, elle a reçu un coup de téléphone d'un certain Robert. Bernard ne viendra pas, il a dû s'absenter pour aller à sa maison de Charmois-l'Orgueilleux, explique ledit Robert avant de raccrocher. C'est alors que Monique Nus demande à son fils d'aller voir. Mais tout cela, le juge le sait déjà. C'est le résultat de l'enquête menée avant l'arrestation.

L'une des cartes majeures du juge est la meuleuse. Elle a été louée le 21 juin, la veille de la disparition de Bernard Hettier, à la société Outiqua de Villers-lès-Nancy. C'est un engin qui sert à découper le béton, et qui se constitue d'un moteur électrique, d'un carter pour éviter les projections, et d'un disque tranchant. Daniel Weil, le patron du magasin, se souvient bien de cette grand-mère : c'est la première fois qu'il voit une femme louer un machin pareil. Il a vingt ans de maison, Daniel Weil. Il précise que la machine fait cinq bons kilos, est de marque Perles, et attaque le béton à raison de six mille rotations-seconde. Elle a en outre une poignée latérale qui se monte indifféremment à gauche ou à droite, et un carter de protection orientable et verrouillable en toute position. Mais vous vouliez en faire quoi, de cette meuleuse, demande le juge à l'inculpée ? Découper des bacs en ciment à Rosières-aux-Salines, dit-elle. Mais ce n'est pas facile de manier une meuleuse, remarque le juge. Oui, répond Simone Weber, mais j'ai demandé à Roger Lapierre de m'aider, notamment pour dévisser l'écrou du disque. L'appareil a ensuite été déclaré perdu, payé, et retrouvé dans le coffre de la voiture de Simone Weber. Elle avait oublié, dit-elle.

Le juge commet deux médecins pour expertiser les traces, s'il y en a, sur la meuleuse. Les experts voient immédiatement que la machine a été soigneusement démontée, nettoyée, lavée. Sauf que, dans les engrenages, on trouve un petit reste jaune. C'est une substance humaine, disent les docteurs. De quelle nature ? Impossible de le préciser. Graisse, sang, quoi ? On ne le sait pas.

À propos de sang, on a trouvé chez Simone Weber un drap taché de rouge, et des gouttes de sang séché sur le canapé. De quoi s'agit-il ? « Je saigne souvent du nez », explique la suspecte. Le juge se heurte à un mur. Quatre mois d'enquête à l'insu de Simone Weber, plus cinq mois de détention et d'interrogatoires, et toujours autant de flou. Et que faire des déclarations de deux codétenues qui affirment que la mamie, en prison, leur a proposé de l'argent pour dire qu'elles ont vu Bernard Hettier avec des filles, à Metz ? Ou qu'il était fauché, mendiant, en train de faire la manche ?

Aux grands maux, les grands remèdes. En mai 1986, après avoir fait exhumer le corps de Marcel Fixard et remis Madeleine Weber en liberté, le juge Thiel décide de faire fouiller le sol de la maison de Simone. Car, sans cadavre, l'affaire Weber est difficile. Et, sans aveu, c'est encore plus compliqué. Le certitude du magistrat ne constitue pas une preuve. Pas devant une cour de justice.

Où est le cadavre de Bernard Hettier ? Le juge commence par faire creuser le sol de la maison de Rosières-aux-Salines. L'inspecteur Christian Jacques assiste aux recherches : « Nous avons eu recours à une pelleteuse mécanique de petit modèle pour retourner une partie du jardin. Il fallait vérifier si Simone Weber n'avait pas enterré quelque chose ayant un rapport avec l'affaire et, notamment, des restes humains. » Sous l'œil goguenard de Simone Weber, présente, la terre est empilée, les pelouses sont défoncées. Le juge est là, les experts aussi. Rien. La même opération est menée dans la maison de Foug. Même résultat : rien de rien. L'inspecteur Jacques : « Pendant ce temps-là, Simone était imperturbable, tranquille. Moi, si j'étais innocent et qu'on retourne ma maison comme ça, je serais révolté. Quand on n'a rien fait, qu'on vous pille comme ça votre maison, qu'on la retourne dans tous les sens, il y a de quoi être agacé ! Simone, de son côté, laissait faire sans rien dire. » Elle laisse ses avocats protester. Me Behr tonne : « L'article 6 de la Convention européenne ratifiée par la France donne le droit à l'inculpé de faire interroger tout témoin à charge ou à décharge. En dix-huit mois d'instruction, Simone Weber n'a été confrontée à personne. Nous estimons donc que le traité a été transgressé... »

Les enquêteurs poursuivent leurs recherches. Et si le corps se trouvait à l'ossuaire de Rosières ? Ils se rendent au cimetière proche, suivis par la presse qui n'en perd pas une miette, et notent que la trappe de l'ossuaire, où l'on dépose les cadavres anonymes, n'est pas fermée. Il y a un empilement de sacs-poubelle. Aussitôt ils pensent aux sacs décrits par Marie Haag – ces sacs qui, selon celle-ci, « sentaient le sang ». Pour pénétrer dans ce réduit, il faut avoir le cœur bien accroché. L'inspecteur Jacques, engoncé dans une combinaison imperméable, se décide. Il fouille, la bouche serrée : « On ne pensait pas retrouver le corps entier, c'est quand même assez volumineux. On pensait plutôt trouver des débris, des morceaux de bras et de jambes, des choses qui auraient pu être tronçonnées puis passer inaperçues dans un ossuaire. » Pour Christian Jacques, cette fouille s'apparente à une descente aux enfers. « Une fois en bas, je vous laisse imaginer la scène ! Il y avait une grande pièce bétonnée avec des mètres cubes et des mètres cubes d'ossements, certains fragments d'os avec de la chair dessus, donc une vision d'horreur... » L'inspecteur remonte avec des sacs. Les policiers font le tri. Rien.

*
**

Dans cette affaire, on a un peu oublié l'une des principales intéressées, celle qui a tout déclenché, la fille de Bernard Hettier, Patricia. Elle a une peine immense. Elle tient néanmoins à assister aux fouilles, même de loin. Question de mémoire, question de justice, question de dignité.

Patricia Hettier se souvient que les policiers ne lui ont pas fait bon accueil, au début. Elle continue donc de mener sa propre enquête. Et à force d'interroger les gens, elle est tombée sur un témoin qui affirme avoir vu Simone Weber, fin juin, non loin de Foug, au bord du canal de l'Ouest : « Quand j'ai interrogé des gens, on m'a dit : on l'a vue tel jour, près du canal, un matin, la voiture située comme ça... La voiture de Simone Weber, là, vers 4-5 heures du matin ? Qu'est-ce qu'elle faisait là ? Je pense qu'elle ne prenait pas un bain dans le canal ! Donc, il y avait quelque chose. Elle avait jeté quelque chose... »

Le juge Thiel, immédiatement, ordonne d'assécher le canal sur deux kilomètres. Avec une idée derrière la tête : retrouver les cinq disques de la meuleuse à béton loués avec l'appareil lui-même. En juin 1987, les travaux d'assèchement commencent. Il y a un tunnel de cent soixante-sept mètres de long qui couvre en partie le canal. Les recherches vont être difficiles : le dépôt de vase est très important. Pendant huit jours, le canal est fouillé, la vase sondée. Le quatrième jour, coup de théâtre : deux disques sont retrouvés. L'inspecteur Lambolez doit vite déchanter : « Ces disques ne correspondent pas à l'outil loué par Simone Weber. » C'est une nouvelle déception. Terrible.

Mais le juge Thiel ne baisse pas les bras. Il a fait le rapport avec le disparu de la Marne, le tronc de Poincy. Il demande des expertises : « On a essayé, avec les techniques de l'époque, de voir si ça peut correspondre. S'il y a des éléments d'exclusion, on en tire les conclusions. S'il n'y en a pas, nous allons essayer d'établir des éléments d'identification plus performants. » Las ! À l'époque, la technique de l'ADN est balbutiante, et considérée comme peu fiable. Donc, on se rabat sur les techniques classiques. Le Pr Coudane fait une radio : « Chez Monsieur X, sur cette radiographie du bassin, il y avait sur le pied de la sacro-iliaque un certain nombre d'anomalies que l'on retrouvait sur la radiographie de Monsieur Hettier. Première similitude. Deuxième point : sur les ischions, ces os sur lesquels on s'assied, il y avait des caractéristiques qui dépendent de l'âge, du sexe. On retrouvait la même chose chez Bernard Hettier. » L'expert n'est pas formel à 100 %, mais c'est déjà quelque chose... Les avocats de Simone Weber vont exploiter ce doute. Ainsi, Me François Robinet : « Était-ce le tronc de Bernard Hettier ? Il y avait une cicatrice d'opération d'appendicite. Mais Bernard Hettier n'avait jamais, d'après ses dossiers médicaux et les indications données par sa famille proche, subi d'ablation de l'appendice. Donc, on ne voit pas très bien pourquoi ce tronc serait le sien... »

Il faut se tourner vers d'autres éléments. L'inspecteur Jacques continue : « La valise était lestée par un parpaing. Il était en agglo, un peu comme ceux qui étaient dans le jardin de la maison de Marcel Fixard. En le regardant de près, on constate des traces de peinture bleue, similaire à celle qui a servi à peindre la façade de cette maison. Lors de notre enquête, nous interrogeons donc le peintre qui a effectué les travaux. Il confirme qu'il y avait des parpaings éparpillés, et qu'il y a eu des coulures de peinture dessus. » Il suffit donc d'analyser la composition chimique de la peinture. L'expert Loïc Le Ribault est formel : « C'est la même composition que la peinture dans la maison de Simone Weber. Sous la peinture, j'ai trouvé des grains de sable qui proviennent du jardin de madame Weber. » Enfin ! Enfin quelque chose de solide ! L'inspecteur Jacques est soulagé : « Pour nous, c'est très important. Ça prouve que Simone Weber a utilisé des agglos de Rosières-aux-Salines pour lester le tronc de Poincy. C'est une avancée capitale. »

Du coup, un scénario prend forme : Simone Weber aurait tué Bernard Hettier d'un coup de 22 *Long Rifle* munie d'un silencieux, puis a découpé le cadavre à la meuleuse, a tout emballé dans des sacs-poubelle et placé le tronc dans une valise. Une semaine plus tard, en faisant la route pour aller chez sa fille à Épinay-sur-Seine, elle a jeté la valise dans la Marne.

Le juge considère que ce scénario est très proche de la réalité. Patricia Hettier, elle, partage son avis : « Quand j'ai vu la valise, j'ai tout de suite reconnu [*celle*] que mon père avait chez lui... Il en avait acheté deux, en fait, deux valises identiques. J'étais soulagée... Si atroce que ce soit, on avait quand même récupéré quelque chose. Et maintenant, c'est vrai qu'à ce moment-là la haine s'est installée, la haine, la vengeance. »

10

INTERVIEW DE SIMONE WEBER PAR CHRISTOPHE HONDELATTE (3)

– Ce qui a dû vous marquer, c'est le personnage du juge Thiel. Vous l'appelez parfois « mon poussin », et parfois aussi « Touvier ».

– Oui, une fois j'ai dit : « Il est pire que Touvier. »

– Mais aussi, vous l'avez appelé « mon poussin ».

– Je ne me rappelle pas. Peut-être comme ça, parce que quand j'allais à l'instruction, j'étais contente parce que je croyais que quand le juge m'aurait entendue, il allait comprendre que je n'étais pas coupable et me libérer.

– Ces jours-là, vous l'appeliez « mon poussin ». C'est possible ?

– Des fois. Comme les surveillantes voyaient que j'étais réjouie d'aller voir le juge, elles me disaient « ton bien-aimé »... On avait lié sympathie et, quand il y en avait une avec moi, on se tutoyait et elle me disait : « Tiens, il y a ton bien-aimé qui veut te voir. C'est ton poussin. » Elle l'appelait comme ça « ton bien-aimé », « ton Gilbert »...

– Parce que vous aviez l'impression qu'il allait petit à petit vous dédouaner du meurtre ?

– Oui, oui. Chaque expertise qu'on a faite, je croyais que cette enquête... On allait me relâcher aussi vite.

– Quand est-ce que vous réalisez que le juge n'est pas là pour vous servir ? Ce n'est plus le même personnage ?

– Oui et non. Mes avocats partaient toujours avant moi et, après, le juge Thiel enchaînait sur autre chose, et on bavardait très agréablement. Je dirais qu'il était sympathique. D'ailleurs, une fois, il avait vu dans mon courrier que je racontais à ma sœur que, pour l'anniversaire de ma fille, décédée en 1968, j'avais demandé à l'assistante sociale d'aller mettre des fleurs au cimetière... Comme il lisait vraiment chaque mot de mes lettres, il a vu ça et un surveillant vient et me dit : « Tu vois, ton Gilbert, il t'emmène promener cet après-midi. Il nous a dit de te prévenir que si tu veux sortir de l'argent pour acheter des fleurs, il fera un mot. »

– Il vous sort de prison pour aller au cimetière ?

– Ça s'est fait plusieurs fois. Ça, je crois que ç'a été la dernière fois que je l'ai vu. Il était venu une fois avant puis... Il pleuvait des cordes, un vent terrible, et j'ai fait sortir quatre cents francs. On a tourné dans Nancy. Tous les fleuristes étaient fermés et, au bout d'un moment, il m'a dit : « Si on marchait ? »

– Tous les deux ? Vous marchez avec le juge ?

– Oui, oui, tous les deux. En revenant de la tombe, il me dit : « Il fait froid. Vous voulez bien venir prendre un café au commissariat de Nancy, où il y a un grand bar-buvette ? » Et nous sommes allés boire le café. Et on a bavardé jusqu'à 8 heures et demie.

– Vous auriez dû être en prison ?

– Là-bas, à la prison, ils se demandaient... D'ailleurs, le directeur de la prison était en colère après Thiel.

– Vous l'aimez bien, Thiel.

– Je l'aimais bien malgré que... Je croyais toujours que la vérité allait sortir. Et donc, au commissariat, en buvant notre café, il avait demandé aux inspecteurs de partir plus loin. Alors on n'était plus que nous deux, et on parlait, comme avec vous, et je lui expliquais la situation de mes rapports avec Bernard qui avait des maîtresses, comment je l'avais connu et tout. Alors je lui dis : « Vous voyez, quand on bavarde ensemble, comme ça, c'est plus du tout pareil. » Il me dit : « Ah oui ! » Je reprends : « Quand vous me recevez avec mes avocats, Me Robinet fait souvent des réflexions, vous vous mettez en colère et ces questions n'amènent rien à l'enquête. Tandis que là, vous me comprenez. – Oui, me dit-il, mais je n'ai pas le droit de vous voir seule. » Au bout d'un moment, je lui dis : « J'ai une idée ! Il faut que vous me fassiez une lettre pour me demander de vous recevoir pour intérêt personnel sans mes avocats. – Bon, me dit-il, jeudi. »

– Vous n'avez pas l'impression qu'il était en train de vous embobiner ?

– Non.

– On venait vous voir, en prison ?

– Non, c'était interdit par le juge.

– Estimez-vous qu'au bout de quatre ans et demi d'instruction, quand le juge Thiel vous envoie devant la cour d'assises, il vous a trahie ?

– Oui. C'est une grosse, très mauvaise trahison. C'est un peu scandaleux. Moi, je ne pourrais pas entretenir de relation gentille avec quelqu'un que je verrais comme un monstre. Ce n'est pas possible.

11

TERRAIN JUDICIAIRE

La contre-offensive s'organise. Mais Simone Weber n'est pas une cliente facile. Elle use ses avocats plus vite qu'un disque de meuleuse à béton. Déjà, les ténors ont déclaré forfait : Me Garaud et Me Lemaire menacent de jeter l'éponge. Me Garaud reviendra sur sa décision, mais la confiance sera toujours boiteuse. Il est l'avocat de l'association Légitime défense, et c'est un professionnel dont les choix sont souvent contestés : au même moment, il travaille aussi sur une autre affaire très médiatique, l'affaire Villemin. Simone Weber garde ses distances avec lui. Car, se souvient Me Robinet, l'un des défenseurs de cette cliente difficile : « Avec Garaud, cela avait mal démarré. Au cours du premier parloir, il avait demandé son âge à madame Weber. Il se servait aussi d'un stylo Mont-Blanc, et elle lui avait reproché ce signe ostentatoire de richesse à ses yeux... À chaque fois, elle me surprenait. Elle pouvait rejeter les gens pour les motifs les plus futiles. Exemple, un défenseur potentiel à cause de "ses ongles sales". » D'autres avocats se sont succédé, qui eux aussi ont été récusés par Simone Weber. Il y en a déjà eu... quinze ! Finalement, elle fait appel à l'avocat de Klaus Barbie, Jacques Vergès, le défenseur des causes perdues. En octobre 1987, il organise une conférence de presse. Pour lui, il n'est pas possible de découper un homme à la meuleuse, dans une cuisine, sans laisser des traces de sang. « Dans cette affaire, martèle-t-il, on n'accuse pas sur des preuves, mais sur des coïncidences, sur des suppositions. » Certes. Mais quand il n'y a pas de preuves, il peut y avoir des indices. On appelle ça un faisceau de présomptions. Or, dans l'affaire Weber, ces indices pointent tous dans la même direction. Me Vergès tempête. Il réclame une confrontation avec les époux Haag.

À l'issue d'une audition, Vergès – qui sent que toutes ces dépositions ne sont pas excellentes pour sa cliente – tonne contre le juge Thiel : « Pendant quatre heures, nous avons écouté des conneries, alors qu'une femme est en prison depuis deux ans, sous l'inculpation très grave de deux assassinats. » À cor et à cris, Vergès réclame une reconstitution au cours de laquelle de la viande animale serait découpée à la meuleuse dans l'appartement de Simone. « Cela ne coûtera rien, je n'ai pas l'intention d'exiger du faux-filet... » Une exigence formulée avec le plus parfait mauvais goût, mais Me Vergès aime faire du bruit. De surcroît, cette « reconstitution » n'aurait aucune valeur juridique, n'ayant pas été ordonnée par le juge d'instruction.

Et surtout, surtout, Vergès mesure-t-il la terrible peine qu'il inflige à Patricia Hettier et à sa famille, en parlant de « faux-filet » ? On ne saurait être plus brutal.

Il continue : le dossier compte douze mille pages, il y a eu cent cinquante heures d'audition, plus de soixante expertises. Rien n'est prouvé. Et là, Vergès tient un bon point : en effet, si on en est réduit à sonder des canaux à l'aveuglette, à piocher n'importe où sans renseignements précis, c'est que l'enquête s'enlise. Ou qu'elle est mal faite. Me Glock souligne : « Pour démontrer la culpabilité d'une personne dans une affaire où deux meurtres sont en cause, il ne faut pas cinq ans. Si on a besoin d'ergoter pendant cinq ans, c'est que cette personne-là, très certainement, n'est pas coupable. Il ne faut pas tellement de temps pour prouver des choses aussi simples... »

Le 9 novembre 1987, Me Vergès arrive devant la porte de l'appartement de Simone Weber, accompagné de la presse. Il a une meuleuse de location, un poulet et un sac avec des os de veau. Il précise, à l'intention des journalistes, que le poulet a été étouffé, de manière à ne pas perdre de sang. Par chance, le juge Thiel a pris les devants : il a fait placer les scellés sur la porte de l'appartement. Consultée, Simone Weber accuse : « Le juge est un assassin moral, un bandit. » Elle trouve qu'il s'acharne.

Le magistrat répond : « Oui, je m'acharne à découvrir la vérité ! Je ne me suis jamais acharné sur Simone Weber ! C'est un peu comme si vous alliez chez le médecin, j'espère qu'il va s'acharner pour découvrir la maladie que vous avez, et pas vous expédier en l'espace de cinq minutes... » Me Weltzer, avocat de la famille Hettier, relève : « C'est une opposition permanente entre Gilbert Thiel et Simone Weber. Plus il insiste, plus elle nie. C'est devenu de la part de Simone Weber une sorte de jeu. Elle a menti, il démontre qu'elle a menti. Elle ment à nouveau, il démonte son mensonge... » Me Anne-Lise Bloch, elle, est plus sereine : « Les éléments les plus évidents étaient niés ou embrouillés. Par conséquent, la moindre des choses devait être vérifiée, contre-vérifiée, ce qui engendrait fatalement une multiplicité d'actes. »

Là-dessus Simone Weber apparaît quelques minutes au journal de TF1, le 10 novembre 1987.

– Vous êtes innocente ?

– Oui, monsieur. Je suis innocente. Oui, oui.

Le même jour, toujours devant la porte scellée, Me Vergès prend la presse à témoin : « Nous ne voyons pas d'autre explication à la pose de ces scellés que la volonté du juge d'empêcher les défenseurs, dans un lieu privé, de se livrer à une expérience qui aurait démenti l'accusation. » Le cigare à la main, le menton en avant, Vergès lance l'une de ces phrases dont il a le secret : « On a voulu faire de Simone Weber une espèce de croisement entre les ovaires de Marie Besnard et les couilles de Landru ! »

La formule fait le tour des rédactions. Elle parvient aux oreilles de Simone Weber. Qui la trouve vulgaire. Et Me Vergès est congédié séance tenante, comme un laquais.

Simone Weber donne une conférence de presse lors de sa comparution devant la chambre d'accusation de Nancy. Elle est pomponnée, la mise en plis bien travaillée. Elle regarde les caméras, les micros, savoure cet instant et lâche : « Ceux qui me traitent de diabolique sont diaboliques eux-mêmes ! »

Mais Vergès a eu le temps de déposer un mémoire qui demande la libération de Simone Weber. Ce mémoire est incroyable : le juge Thiel y est décrit comme un « juge d'instruction qui a conduit son information à sa guise et selon ses propres critères, refusant les demandes de la défense ». Il continue : « Les méthodes employées par monsieur le juge témoignent de son intention d'en faire essentiellement des instruments à charge... ses démarches n'obéissent à aucune logique et cohérence... échec complet de l'accusation. » Quant à « l'accusation Hettier », le mémoire estime que le juge s'appuie « sur les ragots de l'entourage peu reluisant de Bernard Hettier » et qu'« il apparaît sans contestation possible que la mort de M. Fixard est parfaitement naturelle et qu'aucun élément positif n'est démontré, même si on a tenté a posteriori de fabriquer un mobile à l'inculpée ». Il apparaît donc que « l'accusation s'effondre totalement et, dans ces conditions, le maintien en détention de Simone Weber s'avère totalement inutile ». Bref, Thiel est un homme partial et tente de « trouver artificiellement des charges ». On appréciera.

Simone Weber n'est évidemment pas remise en liberté.

Il faut sortir de l'impasse. L'affaire devient trop tortueuse : Nicolas Haag, le voisin accusateur, est confronté à Simone Weber. Brigitte Lamoureux, la fille de Simone, devient un témoin à charge. Marie Haag répète ce qu'elle a vu. Un nouvel avocat, Me Behr, est récusé par Simone Weber. Finalement, le juge Thiel tente une nouveauté : il confie les analyses génétiques du tronc de la Marne à un laboratoire alsacien, Appligène. C'est une première. À l'époque, l'utilisation des empreintes génétiques en matière criminelle est balbutiante. Il faudra malheureusement quatre mois à Appligène pour s'avouer vaincu : pas d'empreinte génétique possible. Avec une obstination de bête, le juge Thiel grignote l'affaire : « Je vais jusqu'au bout. Je me dis d'ailleurs qu'il vaut mieux un dossier où on a poussé l'état des investigations le plus loin possible, jusqu'au moment où on n'avance plus, plutôt que de gagner six mois ou un an, et de renvoyer un travail à moitié fait... Les avocats qui se sont plaints de la lenteur de l'instruction auraient été les premiers à dire : "Attendez, c'est bâclé, votre affaire." Ils ont tout dit, sauf que c'était bâclé. »

De fait, les avocats mènent une véritable guérilla. Les demandes de remise en liberté se succèdent, ainsi que les reconstitutions sauvages, on parle des droits de l'homme... « Il y a alors une volonté, se souvient François Moulin, de retarder l'échéance dans une espèce de ping-pong judiciaire... » Patiemment, le juge fait face à Simone Weber : ils vont se rencontrer soixante-quinze fois. À chaque fois que le juge lui pose une question qu'elle estime incongrue, elle répond : « C'est à faire rire un caillou ! » C'est parfois drôle, certes. Ainsi une voisine de Nancy se souvient que, le 23 juin 1985, à 23 h 10, juste après le film à la télé, elle a vu Simone Weber, une écharpe blanche sur l'épaule, monter dans son appartement en compagnie d'un monsieur qui portait... une valise marron. Simone Weber, immédiatement, s'emporte :

– Jamais, ce soir-là, un monsieur n'est venu chez moi ! D'ailleurs, je n'aurais jamais porté une écharpe blanche un 23 juin. Pourquoi pas un manteau de fourrure ?

L'un des avocats de Simone Weber paraît devant la chambre d'accusation. Me Chevais attaque : « On fait mourir ma cliente à petit feu. On veut briser sa résistance. La détention est utilisée comme technique de culpabilité. » L'avocat suggère qu'on prive intentionnellement Simone Weber de boissons chaudes, qu'on emploie des « tortures morales » contre elle. Là, le juge dépose plainte (il gagnera : Me Chevais sera condamné à dix mille francs d'amende pour diffamation). De façon surprenante, Simone Weber le soutient et... se débarrasse de cet avocat bruyant : « Je ne veux pas qu'on se serve de moi à des fins publicitaires. » Moyennant quoi, elle essaie de faire passer des lettres à l'extérieur de la prison Charles-III de Nancy, puis, transférée à la prison de Metz-Queuleu, elle fait de son mieux, encore, pour communiquer. Avec qui ? Roger Lapierre ? Madeleine Weber ? Ce qui est sûr, c'est qu'elle tente de convaincre une détenue de faire fabriquer un tampon pour estampiller son courrier et lui permettre d'envoyer des lettres. Peine perdue. Les autres filles, en prison, n'aiment pas cette mémère qui a l'air dominatrice, qui promène sa silhouette arrondie avec l'assurance d'une générale. Une détenue assure que Simone Weber a tenté de se procurer des médicaments surdosés, afin d'avoir l'air malade et d'apitoyer. Une autre l'aurait entendue dire, dans son sommeil : « Je n'avouerai jamais. » Face à ces on-dit, Simone Weber proteste contre « ces femmes de prison fichées au grand banditisme ». Elle réussit quand même à faire parvenir une lettre à son cousin Lapierre.

Quand on l'interroge, elle compare son sort à celui des victimes de l'occupation allemande, la police à la Gestapo, et parle de « nos pauvres Juifs », certaine qu'on va lui coller sur le dos la disparition de « la moitié de la France ».

Malgré les bonnes relations que l'accusée pense avoir avec « mon juge », la situation se détériore. Finalement, en mars 1990, lors de l'interrogatoire récapitulatif, Simone Weber déclare : « Je ne répondrai plus. Vous n'avez plus qu'à m'apporter la corde pour me pendre. » Puis elle se mure dans le silence.

Le 9 juin 1990, le juge Thiel boucle son instruction. Son ordonnance de transmission parvient au parquet général. Il préconise le renvoi de Simone Weber devant les assises pour assassinat sur la personne de Bernard Hettier, empoisonnement de Marcel Fixard, faux en écritures, faux en écritures publiques, détention d'explosifs. L'instruction a duré plus de cinq ans, vingt-cinq avocats ont représenté l'accusée, elle a déposé vingt-trois demandes de remise en liberté, interjeté dix-sept appels, formé quinze pourvois en cassation. Le juge Thiel a accumulé quinze mille pages de procès-verbaux, trois mille cinq cents pièces de fond et une soixantaine d'expertises. Maintenant, place au procès.

Quand elle croise Patricia Hettier, lors d'une perquisition, Simone Weber, la rage à la bouche, suant la méchanceté par tous les pores, s'écrie :

– Pourriture, c'est toi qui as tué ton père !

Seconde partie

LE PROCÈS

Chapitre 12

PREMIÈRES PASSES D'ARMES

Le 17 janvier 1991, la cour d'assises de Meurthe-et-Moselle ouvre ses portes pour un procès exceptionnel : six semaines d'audiences sont prévues, des dizaines de témoins sont requis, on annonce une centaine de journalistes. Évidemment, ce sera un procès spectacle. Il est vrai que l'accusée est une personne hors du commun. Pour certains, comme Me Weltzer, avocat de la famille Hettier, c'est un soulagement : « On était ravi que ça commence, on en avait marre de ses simagrées, de son cinéma. Il fallait qu'elle soit condamnée et puis que la famille soit soulagée. » Patricia Hettier enchaîne : « Je fais confiance à la justice. Je me dis : "On va savoir, elle va craquer, elle va lâcher des éléments, on va en savoir plus. Ça y est, on va au moins être vengés, on va avoir cette satisfaction-là." » Me Robinet, avocat de Simone Weber (lui, il est resté au poste) : « Moi, j'ai toujours cru à l'acquittement », dit-il.

Quand Simone Weber entre dans la salle, le brouhaha baisse d'un ton. Cette petite femme offre une image étrange. Les journalistes l'aiment bien et la surnomment amicalement « Simone » ou « Momone ». « C'est vrai ! reconnaît François Foucard. J'ai été l'un des premiers à l'appeler Simone, tout simplement. Je m'étais pris, je ne dirais pas de passion – ce serait un peu ridicule – d'affection non plus, mais j'avais trouvé que c'était un cas tellement intéressant ! On voit apparaître une petite bourgeoise de province, avec une mise en plis très bien faite, toute frisottée, un corsage bien serré, elle est toute poudrée, elle a un collier. On s'attendrait presque à ce qu'elle ait une voilette ou des gants. Enfin, une petite dame de province et qui est accusée d'un crime atroce. »

... Le reporter Jean-Pierre Berthet nuance cette appréciation. Elle était l'image de l'innocence sauf « ce regard d'une intensité ! Une espèce de regard d'oiseau de proie, qui jaugeait toute la salle, qui prenait un peu possession de cette cour d'assises, et qui, d'une certaine manière, annonçait le défi ». Me Anne-Lise Bloch, qui représentait Patricia Hettier, décrit : « On la sentait prête à se battre. Elle était là pour mener un combat. Ce qui est étonnant, c'est de penser que ce procès a duré le temps d'une guerre, la guerre du Golfe. » Saddam Hussein vient d'envahir le Koweït. Les premiers bombardements commencent à des milliers de kilomètres de là. Dans la salle, l'atmosphère est électrique.

Le président Nicolas Pacaud, qui va mener les débats, est un homme méticuleux. Avec ses grosses lunettes qui lui mangent le visage, il est l'image même du magistrat qui connaît ses dossiers « sur le bout des ongles ». Auprès de lui, pour l'assister, voici Pascal Bridey, juge au tribunal d'instance ; Françoise Violette, premier juge au tribunal de grande instance ; Muriel Durand, juge dans la même juridiction. L'avocat général, Philippe Ker, est « un bourreau... de travail », dit-on d'un air entendu. Ascétique, à l'aise dans ses dossiers, il a l'habitude de poser peu de questions, mais les bonnes.

Au premier rang, voici la famille Hettier, écrasée par l'émotion. Les filles de Bernard Hettier, Patricia et Dominique, sont là. Les sœurs, Monique Goetz et Georgette Vandenvaegette, aussi. Pour l'occasion, les autorités ont fait édifier, dans le palais, huit cabines téléphoniques pour les journalistes. Lesquels écoutent complaisamment Simone Weber. Elle se dit « victime innocente », traite les accusateurs de « sagouins », joue de son air ingénu. Elle en fait trop, peut-être. Un reporter note que « la justice aime bien quand même que l'on soit un petit peu ému, voire qu'on ait les yeux baissés. Pourquoi pas la corde au cou ? Là, ma foi, on avait affaire à une accusée qui se tenait solidement ». La foule, nombreuse, veut jeter un coup d'œil sur « la diabolique de l'avenue de Strasbourg ». Le président Pacaud aura du fil à retordre, dans cette marée de documents (cinq cents cotes), cette cohorte d'avocats (quatre pour la défense et quatre pour la famille). Pierre Bois, le chroniqueur judiciaire du *Figaro* et l'un des commentateurs les plus fins, note que le chemisier de Simone Weber, blanc, est « couleur de l'innocence ». Mais il ajoute qu'elle manifeste de la froideur, « froideur qu'on ressent lorsqu'elle examine de la tête aux pieds, un à un, les jurés qui vont être chargés de la juger et qui, d'emblée, se trouvent, eux, en position d'être jugés ». Car, contrairement aux usages, c'est Simone Weber elle-même, et non ses avocats, qui va se charger de récuser les jurés qui ne lui plaisent pas. On dit que, depuis le procès de Pierre Laval, on n'a jamais vu ça. Me Glock s'y oppose : « Je pense que c'était un premier faux pas assez grave. » Me Bloch confirme : « Ça donne une ambiance particulière quand on voit l'accusée qui, du bout du doigt, récuse le juré, parce qu'en gros son visage ne lui revient pas. »

Chaque juré pressenti traverse la salle à l'appel de son nom pour aller s'asseoir sur l'estrade. Tout au long du chemin, le parquet craque. Simone Weber suit du regard la personne et, lorsque celle-ci va s'asseoir, elle crie : « Récusée ! » Cinq fois, son veto s'exerce ainsi. Au-delà, c'est interdit.

Dommage, Simone Weber voudrait encore jouer. Elle jouit de son pouvoir.

Visiblement, « Momone » est à la fête : « Elle distribue les bons points, remarque Me Weltzer, elle distribue les mauvais points, elle prend à partie les témoins, elle en insulte un autre... » C'est ainsi, nous rappelle François Foucard, que la cour aura la surprise d'entendre Simone Weber lancer, à propos d'une femme qui est appelée à témoigner : « Comment ? Qu'est-ce que c'est que cette traînée ? » Ou, à propos d'un témoin : « C'est qui, ce pochard qui vient m'insulter ? Bon à rien, nullité ! » Me Bloch analyse avec justesse ces simagrées : « Elle dérape très rapidement. Elle dérape, elle injurie tout le monde, y compris la partie civile, ce qui est inadmissible ! On ne voit jamais un accusé s'en prendre aux victimes. Là, elle le fait. » Simone récuse surtout cinq femmes, veuves. Celles-là, pas question. Puis elle interpelle le président Nicolas Pacaud : « Vous, vous êtes un type bien ! » dit-elle. Elle aura l'occasion de changer d'avis plusieurs fois : ses humeurs varient.

Patricia Hettier, quant à elle, est soumise à rude épreuve. Chaque mot de Simone Weber est un couteau dans le cœur. Chaque interjection est un déchirement. Elle serre les dents : « J'avais l'impression d'être dans une pièce de théâtre. [*Simone Weber*] avait le droit de parler comme elle voulait, elle avait le droit d'insulter les gens.

Tous ceux qui sont passés à la barre, comme moi, ont été salis par elle. »

Le deuxième jour du procès, on fait paraître Jacques Thuot, cinquante-sept ans, le premier (et dernier ?) mari de Simone Weber. Celui-ci, qui est pompier à la retraite, le visage barré par une petite moustache poivre et sel, le visage profondément ridé, une frange de cheveux sur ses yeux en amande, a la bouche amère. Il résume ses années de mariage : « Au début, tout allait bien, dit-il. Mais ensuite, elle ne voulait plus sortir avec moi. Alors je sortais tout seul. Là, elle est devenue grossière. Elle me menaçait. » Le couple que Jacques Thuot décrit est infernal : Simone le chasse de chez lui, il revient. Elle crève les pneus de sa voiture, l'empêche de voir ses enfants. Il s'installe avec une autre femme. Celle qui est aujourd'hui sa compagne. Alors, dit-il, Simone Weber a voulu « me faire passer pour fou. Elle m'a fait enfermer en hôpital psychiatrique. J'y suis resté huit jours. Après, elle a dressé mes enfants contre moi. Je me considère comme un rescapé ». Tandis que Jacques Thuot dépose, les yeux se tournent vers Simone. Celle-ci, un mince sourire de supériorité sur les lèvres, semble savourer. Quand elle prend la parole, c'est pour assener : « Tout ce qu'il raconte est faux. Il menait une vie de patachon. Il brutalisait les enfants. C'était un enfer. Il jouait aux cartes jusqu'à 7 heures du matin. Il était malade des nerfs. Un jour, il a jeté un petit chat contre le plafond. Il y avait une tache de sang... Si les psychiatres l'ont relâché en le décrivant comme doux, c'est parce qu'on l'avait mis avec les dangereux, et que par comparaison... » Quand Thuot tente de la contredire, elle réplique avec sécheresse : « Je ne te coupe pas la parole, alors je te prie de te taire. » Il se tait. Elle se décrit comme une catholique pratiquante... « Monsieur le président, Jacques Thuot venait nous persécuter moi et mes enfants même le jour de la messe de minuit ! » Le jour de la messe de minuit ? La phrase déclenche des rires dans l'assistance. Elle n'en a cure : « Il nous attendait avec sa cocotte dans sa voiture, pour faire des saloperies. Juste devant l'église... »

Mais les questions continuent, et l'affrontement tourne à la scène de ménage. Simone le traite de « voyou ». Puis : « Monstre, menteur, ordure... »

Elle se tourne vers les juges : « Monsieur le président, tout ce qu'il dit, c'est de l'affabulation ! » Le président regarde Jacques Thuot. Celui-ci baisse la tête :

– J'ai vécu une vie d'enfer.

Simone Weber enrage.

– Je suis en prison depuis des années, alors que tu vis avec ta cocotte !

Elle se reprend et, triomphante, assène :

– D'ailleurs, cette femme pratiquait des fausses couches !

Le président, intéressé :

– Vous voulez dire que c'était une faiseuse d'anges ?

Thuot frappe sur la barre, devant lui :

– C'est faux, c'est faux !

En désespoir de cause, il affirme : « C'est une femme méchante, et c'est tout. » On le sent alors sincère et ce *« c'est tout »* pèse son poids de vécu.

Il est temps de donner la parole à quelqu'un qui est sympathique à Simone Weber. Michel Prudhomme, silhouette rondouillarde, est bedeau dans une chapelle de Nancy. Il témoigne : « Simone est une vieille camarade », dit-il. Quand elle était « charmante demoiselle », elle a eu une liaison avec un collègue, Hubert. Ils ont eu un enfant, non reconnu par Hubert. Michel sourit et ajoute : « C'est une femme romanesque, sentimentale. Je parlerais plutôt chez elle d'une exaltation de la sentimentalité. Mais rien de maladif. » Simone Weber le regarde froidement et décrète : « Ce monsieur n'était pas mon confident. Il nage en plein délire. Il parle, il parle, ce sans-cervelle. Croyez-vous que je me serais confiée à ce gros patapouf ? » Michel perd son sourire.

Un autre ex arrive de Montpellier. Augustin Tabary, on s'en souvient, a rencontré Simone par l'intermédiaire d'une agence matrimoniale, il y a seize ans. Il est plus acerbe que Michel : « Avec madame, nous ne nous sommes pas entendus. Elle vivait dans le mensonge perpétuel... » Simone le contredit, puis ajoute : « La femme de ce monsieur est venue me dire qu'il voulait l'électrocuter... » Quand il a rompu, Simone lui a envoyé des lettres, qu'on lit devant la cour. La bonne dame de Nancy traite son amant de « bâtard », de « vérolé ». Le président Pacaud lit l'un des courriers : « Vous êtes un pauvre type, juste bon à engraisser sa paresse avec des prostituées notoires. Maquereau, cocu... » (Les deux adjectifs sont d'ailleurs contradictoires, mais bon.) Quand il demande à Simone Weber si c'est bien elle qui a écrit cette missive, « Momone » répond : « C'est un exercice dactylographique. Ce n'est pas moi qui ai écrit ce texte. » Augustin Tabary lui a répondu, à l'époque : « Le poison de ton venin t'empoisonnera, c'est certain. » La journée s'achève dans l'acrimonie. Aux avocats de la partie civile, Simone Weber a encore le temps de lancer : « Vous avez fait de l'affaire Hettier une affaire mondiale de haine. C'est l'assassinat judiciaire d'une femme que vous faites là ! » Les témoins ? « Ils racontent n'importe quoi. » Les hommes ? « Tous des menteurs ! »

Puis elle se rassied sur son siège, appuyée sur les coudes. Visiblement, elle préside.

Très vite, une habitude est prise : à la fin de l'audience, chaque jour, Simone Weber prend la parole pour livrer sa conclusion de la journée. Les journalistes, ravis, trouveront un nom pour cette mini-conférence de presse : ce sera « la minute de l'Exocet ».

Franchement, ça promet.

13

INTERVIEW DE SIMONE WEBER PAR CHRISTOPHE HONDELATTE (4)

– Le procès : tout le monde dit que vous en avez trop fait. Vous auriez mieux fait de la jouer profil bas.

– J'ai répondu à ce que le président de la cour d'assises me demandait. Je n'ai jamais coupé la parole, je n'ai jamais fait d'éclat, je n'ai jamais... C'était la première fois depuis Laval, paraît-il, qu'une accusée choisissait ses jurés, je ne vois pas ce que ça a d'anormal. Moi, si quelqu'un ne me plaît pas, s'il n'a pas une tête qui m'inspire confiance, je ne vais pas lui faire des guili-guili.

– Comment choisissez-vous les jurés ?

– D'après leur personnalité.

– Vous ne connaissez pas leur personnalité. Vous les voyez juste là, assis...

– Si. Vous savez, mon fils, quand il voit quelqu'un, faut pas lui demander d'où ça sort, faut pas lui demander sa carte d'identité. Quand on passait devant la prison, il disait : « Regarde-moi ça, cette pègre, ces criminels ! » Vous voyez comment il était !

– Vous avez l'intuition qu'il y a des jurés qui sont bons, d'autres qui ne sont pas bons ?

– Je vois les gens par leur présentation, un peu à leur façon de parler.

– Vous, au procès, vous parlez beaucoup plus que vos avocats, vous coupez l'avocat, vous lui demandez de s'asseoir...

– Ils ne disaient rien, ils ne me défendaient pas. Mon fils de Berlin est venu en catastrophe. Alors là, le juge m'a laissée le voir. Il me dit : « Mais maman, tu ne vois pas qu'ils sont en train de te laisser condamner ? Tu vas être condamnée à perpétuité. Change d'avocat ! » Il avait pris contact avec deux avocats dont un est venu me voir. J'avais pris contact avec Me Collard qui voulait bien prendre l'affaire, à condition de virer les autres. L'un des avocats l'a dit, paraît-il, aux journalistes présents : « Alors, ça y est, Simone Weber nous vire ? » Et après, ç'a été le silence total. Et Me Garaud a eu l'inconscience et le toupet d'écrire qu'il ne croyait pas à mon innocence pour l'accusation Hettier. Quand Me Behr a dit : « Reprenez Garaud. Il saura convaincre les jurés » je l'ai repris, puisque je l'avais viré au début...

– Tout ça se passe pendant le procès ?

– Oui. Quand il est venu, la veille du procès,

il m'a dit : « Vous allez être libre, madame Weber. On est une équipe qui gagne, vous allez voir ! » Après, il n'a pratiquement rien dit. Je ne l'entendais même pas parler.

– Alors que vous, on vous entendait !

– On avait un micro et je ne criais pas plus que maintenant.

– Mais vous avez pris en charge ce procès dès la première minute. C'est vous qui l'avez mené.

– Les journalistes ont écrit ça. Non, je répondais au président qui me passait la parole. J'expliquais, comme je l'explique à vous.

14

LE PROCÈS DES AUTRES

Simone Weber, en fait, règle ses comptes. Elle transforme le procès en gigantesque théâtre à esclandres. « Par exemple, se souvient Me Robinet, quand les voisines de l'appartement qu'elle occupait sont venues témoigner, ou des gens qu'elle considérait comme des médiocres, elle déversait des reproches, des récriminations, des griefs. Ce qui la desservait, quand même. Le témoin, plus vous le critiquez, plus il en rajoute. Il devient un témoin à charge. » De plus, la disposition de la salle n'arrange pas les choses : Simone Weber est assise sur un banc qui est au-dessus de celui de ses défenseurs. À chaque fois qu'elle veut leur dire quelque chose, elle doit se lever, se pencher. Au lieu de se livrer à cette gymnastique fatigante, elle trouve un truc : pour attirer l'attention de l'un de ses avocats, elle l'accroche du bout du doigt par le col ou par la robe. Selon les moments, elle le fait avec plus ou moins de brutalité. Le geste passe mal.

Marie Haag, la voisine de Simone Weber, est là. Elle s'avance, frêle. Marie Haag a soixante-dix-huit ans. Le visage inquiet, les cheveux tout blancs, cette vieille dame s'exprime d'une petite voix fluette. Mais ses souvenirs sont précis. Elle habite au 158, avenue de Strasbourg, au rez-de-chaussée. Son mari, Nicolas, est mort l'an passé. Autrefois, c'est Madeleine Weber qui habitait au premier étage. Puis, quand celle-ci est partie pour Cannes, Simone a pris sa place. La chambre des Haag correspond au salon de Simone Weber. Par l'œilleton de la porte de Marie Haag, on peut voir, largement, l'escalier. Le président sollicite le témoignage. Celui-ci est précis :

– Mon mari était à la fenêtre le 22 juin, entre 18 h 30 et 18 h 45. Il a vu un homme entrer avec Simone Weber.

Pendant que les Haag dînent en regardant « Des chiffres et des lettres » à la télé, Didier Nus, inquiet, vient sonner à leur porte : « Si vous voyez le monsieur redescendre, prévenez-moi, c'est sûrement Bernard Hettier, elle l'a drogué. »

– Nous, ça nous a tout retournés, dit Marie Haag.

Ainsi mise en éveil, elle va passer la soirée à regarder par son judas.

– Dimanche après-midi, pendant que je regardais l'émission de Jacques Martin, madame Weber est venue me demander comment marchait son couteau électrique. Et puis le soir, à 22 h 30, on a entendu un gros bruit. Pouf ! J'ai d'abord pensé que c'était elle qui était tombée. Puis, tout de suite après, on a entendu un bruit de moteur, comme un aspirateur, mais ce n'était pas ça. Ça faisait « prouf prouf », comme un aspirateur foutu, comme une tronçonneuse... Ça résonnait par terre. Ça a duré trois minutes environ. Et puis on est allés se coucher. Vers minuit, j'ai été réveillée par un bruit de seau qui tombe. J'ai alors vu madame Weber descendre avec un gros sac-poubelle noir et un seau qu'elle a mis dans sa voiture. Elle est rentrée vers 2 heures du matin.

Les Haag dorment mal. Ils sont inquiets. Ils voient Simone Weber redescendre alors que les éboueurs sont déjà passés, vers 5 heures du matin. Cette fois-ci, « madame Weber avait des sacs-poubelle bleus. Sept voyages, quinze sacs en tout, je les ai comptés. Elle a posé ses sacs contre le poteau électrique et a regardé sa montre ».

Les jours passent. Le mercredi, Simone Weber fait tourner sa machine à laver. Le jeudi, un gros sac bleu avec du sable dedans est déposé dans le couloir. Marie Haag a regardé : « Ça sentait le sang. J'ai voulu voler le sac pour le montrer à la police, mais elle est revenue trop vite. » Le vendredi, « elle a lavé les escaliers avec une brosse. C'était la première fois qu'elle le faisait ».

Simone Weber a écouté, stoïque, cette description accablante. Soudain elle fuse : « On invente tout, sauf la vérité ! Elle débloque ! » Et l'homme qui est venu ? « Peut-être mon cousin Roger Lapierre. » Et les sacs ? « Des conserves appartenant à ma sœur. » Bref, Marie Haag est comme les autres : une menteuse. Simone Weber, devant tant de méchanceté, fond en larmes : « C'est intenable, insoutenable, épouvantable, d'entendre des canailles, des mégères, raconter ça devant la justice française ! » D'ailleurs, c'est simple : « Quand je sortirai, je prendrai un avion pour n'importe où ! » Car elle n'en doute pas une seconde : elle est plus forte que tous ces gens-là. Et elle va s'en sortir !

Voici maintenant Eugène Hel, le voisin de Bernard Hettier. Il a soixante-cinq ans, il est retraité. Le 22 juin, il l'affirme, il a vu Simone Weber a trois reprises faire le guet devant la maison de Bernard Hettier. Vers 11 h 45, celui-ci est arrivé : « On a entendu sonner l'horloge de midi. Bernard a dit : "Ça va être ma fête, je vais rentrer." Puis, quand il est rentré, je l'ai entendu dire : "Je ne veux plus te voir ici, t'as compris ?" »

Eugène Hel marque un silence et reprend, en imitant la voix de l'accusée :

– Elle a dit : « Je te tuerai ! Je te tuerai ! » Et puis, quand elle m'a vu, elle a fermé la porte.

Le retraité conclut :

– Je jure sur la tête de mes petits-enfants, qu'ils meurent tout de suite si je mens.

Simone Weber redresse le menton. Dédaigneuse, méprisante, elle cloue Eugène Hel :

– Ces propos sont burlesques. *L'alcool...*

Le procès continue avec le Pr Jean-Michel Boissenat. Celui-ci est expert en psychiatrie, et on lui a demandé de dresser un portrait, un « profil », de l'accusée. Il commence par raconter une vie, une mauvaise vie. C'est vrai que le sort n'a pas épargné Simone Weber : deux enfants morts, le divorce, le manque d'argent... « Elle m'a confié, explique le professeur, qu'elle n'avait pas un bon souvenir de sa jeunesse et que le divorce de ses parents l'avait fait souffrir... » Simone Weber, hautaine, relève : « Je vois que ces messieurs enregistrent avec leur propre faculté de compréhension. Je n'ai jamais dit cela ! » Le ton est carrément insolent. En fait, Simone Weber ne subit pas un procès. Elle fait le procès des autres.

Le défilé des mauvaises nouvelles égrenées par Jean-Michel Boissenat continue : pleurésies, petits boulots, mariage raté, cinq enfants... Mais, au bout du compte, une seule question intéresse le président et les jurés : est-elle folle ? Car, franchement, par moments, elle en donne l'impression. Le Pr Boissenat conclut : « Simone Weber ne souffre pas d'anomalie mentale ou psychique. Elle ne présente pas d'état dangereux. Elle est accessible à la peine, le cas échéant... » Le *« cas échéant »* ? Drôle de formulation.

Maintenant, c'est Madeleine qui s'avance à la barre. Le président l'interroge sur son mariage. Oui, en effet, Michel Thuot – son mari décédé – était un garçon très drôle. Ainsi, dit-elle, il a un jour apporté trois bâtons de dynamite qu'il a placés dans l'assiette de Simone... Quel sens de l'humour, non ? Simone affirme qu'elle ne savait pas ce que ces bâtons étaient devenus : « J'ignorais, monsieur le président, la dangereuse présence de ces bâtons de dynamite. Moi, je ne me permets pas de fouiller dans les affaires de ma sœur. » Dans les affaires des autres, pas de problème en revanche.

Madeleine reprend : « Mon mari était conducteur de travaux. Un jour, il a voulu faire une farce. Je reconnais que c'était d'un goût déplorable, mais je n'ai plus pensé à me débarrasser de cette dynamite. »

Le président ne se laisse pas balader. Il revient vers les questions gênantes. S'adressant à Simone Weber :

– Et les timbres humides, les tampons, les cachets qu'on a retrouvés chez vous ?

– C'est moi.

Simone Weber, à peine gênée, assume.

– Vous les avez placés dans une Cocotte-

Minute, c'est une drôle de manière d'utiliser cet ustensile de cuisine !

– Il fallait changer certaines dates, à la mort de Marcel Fixard, mon mari, refaire certains papiers.

– Et les tampons des pharmacies ?

– Que voulez-vous, monsieur le président, je ne voulais pas attendre. Les délais étaient trop longs. Mais, en ce qui concerne les faux, c'est resté à l'idée de projet, et il n'y a eu aucune concrétisation, j'ai vite tout abandonné. J'aurais dû me débarrasser de tous ces tampons le soir où j'ai attendu vainement au 158, avenue de Strasbourg, Bernard Hettier, et où j'en ai profité pour faire du vide dans l'appartement...

On notera le glissando. De l'idée de débarras, Simone Weber glisse à celle des sacs-poubelle. Elle essaie de faire croire au jury que ceux-ci ne contenaient que des rebuts. Quelques sourires, dans l'assistance, viennent saluer ce misérable mensonge. Le président se tourne vers Paulette, la sœur de Simone :

– Comment étaient vos sœurs ?

Et là, le meilleur profil psychologique tombe, sans l'aide d'un psychologue. Paulette dit :

– C'est bien simple. Simone et Madeleine dominaient complètement maman, elles la terrifiaient tellement que ma pauvre mère, en cachette, les appelait « les deux vaches ».

Le lendemain, la séance est consacrée à l'affaire Fixard. Marie-Josèphe Walter, née Lacuve, une femme de soixante-dix-sept ans – en jupe écossaise – est une voisine de Rosières qui est spécialisée dans les rumeurs, les ragots de village. Elle décrit Marcel Fixard comme un « beau militaire droit, correct et doux », parle du figurant strabique (surnommé « le Professeur ») qui a remplacé le marié et sème le doute. Qui était ce figurant ? Renseignements pris, il s'agit d'un pensionnaire d'une maison de retraite, Georges Esling. Qu'on le fasse venir. Impossible : il est mort. Le président Pacaud intervient :

– Ce « professeur », il louchait, non ?

– Oh moi, vous savez, j'ai pas l'habitude de regarder un homme dans les yeux pour savoir s'il a un œil qui prend le métro et l'autre qui n'a pas de ticket !

La salle explose de rire. Marie-Josèphe Walter fait un tabac. Elle a même volé la vedette à Simone Weber.

L'éclat de rire passé, le président se tourne vers Simone Weber :

– Vous avez connu monsieur Fixard de quelle manière ?

– Par une petite annonce.

– Mais monsieur Fixard avait soixante-dix-sept ans et vous quarante-sept, vous auriez pu prétendre à un homme plus jeune !

– Je n'ai pas besoin d'un homme dans mon lit, mais d'un homme ayant des qualités de cœur !

D'où, sans doute, la digitaline, médicament tonicardiaque qu'on a fait absorber au défunt Fixard...

Le président reprend :

– Mais quand même, la différence d'âge...

– Autour de moi, ce genre de mariage n'a toujours conduit qu'à des échecs. Les hommes plus âgés ont plus de sagesse.

L'un des avocats de la famille Hettier, Joël Lagrange, intervient :

– Nous voudrions savoir s'il s'agit d'un mariage d'amour ou d'intérêt.

– Vous savez, quand on vit avec quelqu'un de bien, ça finit par créer des liens qui valent mieux que l'amour et les galipettes !

Mais elle s'est bien fait passer pour un professeur de philosophie, n'est-ce pas ? Oui, « mais c'était un jeu. Une boutade entre nous. Nous étions convenus que j'étais son professeur »... Là-dessus, Simone Weber se tourne vers sa sœur, et les deux femmes se mettent à pouffer de rire. Mauvais effet. Les débats reprennent :

– Vous portiez une perruque pour vous vieillir...

– Pas pour me vieillir afin qu'il ait confiance, mais parce qu'il neigeait !

La salle rit. Mais, au fond, c'est un rire aigre. Un homme a été probablement empoisonné. Le président Pacaud cherche à éclairer les débats. Marcel Fixard, précise-t-il, était adjudant-chef dans la Coloniale. Il écrivait à Simone Weber. D'ailleurs, voici une lettre datée du 11 juillet 1979 : « Je ne suis peut-être pas un modèle de fidélité, mais je pourrais te renvoyer la balle... L'argent ne fait pas le bonheur, mais il y contribue largement. La preuve : ton avarice... Tu ne penses qu'à l'argent, toujours dans l'espoir de grosses sommes... » Est-ce là le ton d'un homme amoureux ? Simone Weber rit aux éclats : « Monsieur Fixard avait beaucoup d'humour, il tournait tout à la plaisanterie. Cette lettre, c'était tout à fait son genre de boutades... Quand il écrivait cela, il ne voulait absolument pas dire que j'étais une femme d'argent mais seulement, à la rigueur, que je n'aimais pas gaspiller. » Franchement, Simone Weber ne voit pas pourquoi on lui « cherche querelle » là-dessus.

Nicole Kourylo, la sœur aînée du clan Weber, est invitée à témoigner. Là, les choses s'aggravent nettement pour Simone :

– Simone est autoritaire, menteuse et méchante.

– N'éprouvez-vous pas de l'animosité à son égard ?

– Oui, et c'est pour cela que je la regarde pas. Ainsi, Simone n'a pas voulu que j'assiste à la mise en bière de maman, sous prétexte qu'il n'y avait pas assez de place dans la cuisine... Mais je ne viens pas ici pour la charger. Si je le voulais, j'en aurais bien pour huit jours.

Nicole Kourylo vacille. Visiblement, ce face-à-face lui est très difficile. Elle s'explique :

– C'est très pénible pour moi. Je suis très humiliée. Je ne fréquente plus ma sœur depuis longtemps. Ce que je peux dire, c'est que c'est une personne... un peu... un peu particulière. J'ai touché cinq mille trois cents francs en tout sur la maison de famille, et lorsque j'ai demandé la cuisinière à bois de ma mère, Simone n'a pas cessé de m'insulter, au point que son ami Bernard Hettier, qui avait l'air gentil, lui a dit de cesser.

– Et Bernard Hettier ?

– Quand je lui ai demandé des nouvelles de Bernard, elle m'a dit : « Il est parti avec sa pute ! »

Ce témoin *« pas pour charger »* est éloquent. La vraie Simone Weber apparaît comme un être malfaisant, terrible, manipulateur. Devant cette description, l'accusée se rebiffe. Elle rétorque :

– Ce n'est pas possible d'entendre des monstruosités pareilles. Cette femme est une menteuse, une méchante. Elle passait son temps à batifoler avec ses amants... Elle enfermait son fils dans une cage à lapins... Vermine ! Saleté !

Le président, agacé, intervient :

– Madame Weber, arrêtez de parler par injures !

– ... ses autres enfants sentaient le fumier ! C'est

sur ses mauvaises qualités de mère qu'on l'a déchue de ses droits maternels à vie !

Mensonge encore : jamais Nicole Kourylo n'a été déchue de quoi que ce soit. La haine de Simone est à l'état brut, violente. Nicole réagit :

– Mais c'est faux, faux ! C'est un monstre !

Le président demande l'ordre. Nicole baisse les épaules, quitte la barre et murmure : « Vraiment, ma sœur est inhumaine. Dans le fond, c'est ma sœur, j'aurais aimé qu'on s'entende mieux. » Puis s'en va. À la sortie, un policier, admiratif, dit : « Le matin, on rigole. L'après-midi, on pleure. Pour nous, c'est un plaisir d'être là. Il y a du spectacle. »

Pour Patricia Hettier, ce « spectacle » est un drame intime, parfaitement indécent.

15

PORTRAIT D'UNE FAUSSAIRE

Le procès, maintenant, entre dans sa deuxième semaine. Le décor de la tragédie, peu à peu, est planté. On a entendu des secrétaires de mairies, des responsables de centres médicaux, des gérants de sociétés. La plupart ne se sont jamais aperçus que leurs tampons avaient disparu. Simone Weber a beau répéter qu'on les lui a prêtés, nul ne la croit. D'ailleurs, acculée, elle marque un point : « Ce n'est pas plus malhonnête, dit-elle, que de détourner des milliards à la Sécurité sociale ou de faire des faux passeports ! » L'allusion à l'affaire Pasqua, ex-ministre de l'Intérieur qui a fait délivrer des vrais-faux passeports à ses sbires (et qui se retranche derrière le « secret défense ») n'échappe à personne. Le président Pacaud a beau rappeler l'accusée à plus de mesure, elle affirme : « Je vois ça comme ça, monsieur le président. Pardonnez-moi si je n'ai pas la même optique que vous ! »

Certes. Mais, du même mouvement, Simone Weber vient d'avouer. Ces délits sont « moins malhonnêtes », certes. Implicitement, cependant ils ont eu lieu.

D'autres détails sont troublants : une femme à qui Simone Weber a vendu une voiture affirme avoir vu l'accusée les mains bandées, le 22 juin. Elle lui a expliqué s'être blessée après avoir taillé des « fleurs venimeuses dans son jardin ». En fait, il sera prouvé que Simone Weber s'est brûlée avec de la chaux vive : un certificat médical a été établi. Or, un soupçon se fait jour : le cadavre de Poincy – dont on discute tellement de la peau – n'a-t-il pas été passé à la chaux vive ?

On fait revenir Paulette Weber. À cinquante-six ans, la cadette des sœurs est une petite femme timide qui, finalement, ne veut pas dire du mal de sa sœur. Pourtant, oui, la vente de la maison du père Weber s'est mal passée. Il fallait rassembler tous les héritiers, mais « mon frère Jacques n'a jamais signé. Simone avait amené quelqu'un d'autre chez le notaire en le faisant passer pour lui ». En 1976, déjà, donc, Simone avait mis au point son système de figuration par contumace. La cour interroge alors Jacques Weber lui-même. Mais celui-ci a des trous de mémoire, il ne se souvient de rien depuis sa deuxième cure de désintoxication alcoolique.

Simone Weber surveille d'un œil de lynx ces débats, et prend des notes avec des crayons de couleur. Pierre Bois, le talentueux chroniqueur du *Figaro*, note que cette femme a « la sournoiserie à fleur de peau ». Madeleine, au banc des accusés, regarde le plafond et s'ennuie. La nièce de Simone, plus loin, lit *Détective*. Dans la salle, il y a des spectateurs qui sont venus avec leurs jumelles de théâtre.

Aujourd'hui, on examine les actes de la succession Fixard. Les experts attestent que les signatures sont fausses. Il a été établi qu'un figurant a remplacé Marcel Fixard à la mairie, donc qu'il y a tromperie. Simone Weber a du mal à nier. Et le testament du 10 mai, retrouvé à la dernière minute ? Finalement, elle craque. Un peu. « Oui, je l'ai écrit. Je sais, légalement, ce n'est pas légal. Mais je n'ai pas le sentiment d'avoir volé quelque chose puisque c'était le souhait de Fixard. » D'ailleurs, la meilleure preuve, c'est que, sentant sa fin venir, Marcel Fixard a murmuré : « Faut aller chez le notaire. » Qui a entendu cette phrase ? Simone. Qui d'autre ? Personne. Le président Pacaud insiste :

– Comment avez-vous fabriqué ce testament ?

– J'ai repris le premier. Il y avait juste deux mots à changer, et la date.

– Mais comment ?

– J'ai découpé un petit morceau pour mettre

« mon épouse » à la place et j'ai fait une photocopie pour que ça ne se voie pas.

– Et le mot « épouse », vous l'avez trouvé où ?

– Ben, dans des vieilles lettres de Fixard.

Et l'acte de vente de la maison Fixard ? Là, Simone se bute. Elle a tout fait selon les règles. Il n'y a pas eu de figurant chez le notaire Bour. Certes, dit le magistrat, mais la signature, tout de même, est bizarre :

– C'est parce que Fixard était malade. Les anciens militaires, c'est quand même des humains. C'est pas des chars ou des avions.

Le notaire Bour est invité à témoigner. La prudence naturelle du notariat de province est connue : si on se met à raconter les secrets des clients, adieu la clientèle. Donc, le notaire Bour ne se souvient de rien. Le clerc ne reconnaît pas Marcel Fixard sur les photos ? Ah bon. Marcel Fixard parlait peu ? C'est la cliente qui répondait à sa place, et alors ?

Le président s'impatiente :

– Vous trouvez ça normal ?

– C'est une femme, c'est dans la nature des choses. Je suis marié moi aussi. Si tout va bien, les maris ne disent rien quand la femme la ramène un peu.

– Vous n'avez pas demandé les papiers d'identité ?

– Si je le faisais, avec les paysans que j'ai par chez moi, je me ferais recevoir à coups de fourche !

La journée s'achève dans une molle impression de tromperie, de médiocrité. Tout cela est sordide. Le président demande encore à Simone Weber pourquoi elle a sollicité la dispense des bans de mariage, et celle-ci s'emporte :

– J'en ai par-dessus la tête de vos singeries. Moi, on m'a volé ma fille, et je n'ai rien le droit de dire !

Les jours suivants n'arrangent pas les affaires de « Momone ». Dans l'ensemble, elle fait mauvaise – très mauvaise – impression. Les journaux, en filigrane, la trouvent coupable, mais amusante comme personnage. Pourtant, même si elle est drôle parfois, elle est tragique. Simone Weber est un clown sinistre.

Micheline Riss, une cartomancienne de cinquante-deux ans, a été sa codétenue dans la prison Charles-III de Nancy. Elle a des choses à dire. Quoi ? « Simone Weber a un sommeil agité », dit-elle. La belle affaire ! « Son subconscient devait la travailler », ajoute la cartomancienne qui a entendu, par une nuit d'août 1986, sa colocataire dire, dans son sommeil : « De toute façon, ils ne sauront jamais rien. Je ne dirai pas où j'ai mis la valise. »

Le président intervient :

– Parlez-vous sans haine, madame Riss ?

– Oui. Je ne veux pas l'accabler. Mais Simone Weber est une femme sans cœur, très méchante.

Elle m'a traitée de raclure des bas quartiers et de SS...

Simone Weber se dresse :

– C'est une menteuse, une fabulatrice ! Un monstre !

Les autres codétenues de Simone Weber viennent, tour à tour, décrire l'accusée. Visiblement, celle-ci a laissé de mauvais souvenirs. Tout sucre tout miel, Simone Weber remet ces femmes à leur place : « Je les empêchais d'ouvrir la fenêtre, par exemple, parce que j'avais froid. Ce sont des filles qui vivent dehors, des prostituées. Moi, je n'ai pas coutume de vivre dans ce milieu. Alors que des filles comme ça... » Tous peuvent entendre le fiel dans ce « comme ça ».

Une des filles décrit une Simone « intenable », « autoritaire », parlant sans arrêt de « l'inefficacité de ses avocats ». Une autre se souvient d'une femme « de cœur ». Une dernière affirme que la prévenue soudoyait les libérables pour qu'elles téléphonent aux journalistes et disent avoir vu Bernard Hettier avec une autre femme.

Simone Weber se défend sur chaque virgule, chaque épithète. Elle insulte Monique Goetz, la sœur de Bernard Hettier ; elle étrille Gilles Lambert, le mari de l'une des nièces de Bernard

Hettier ; elle en profite pour dire que « la morale est bien en danger dans nos écoles » ; elle perd un peu de sa superbe devant Marcel Laage, qui travaille au service du personnel de la société Solvay. Celui-ci a eu entre les mains le certificat médical bidonné immédiatement après la disparition de Bernard Hettier.

– J'ai tout de suite su qu'il s'agissait d'un faux. Le numéro d'immatriculation à la Sécurité sociale était incomplet et le code postal de Maxéville était inexact. Jamais Bernard n'aurait fourni de tels renseignements erronés.

Là aussi, après un moment d'hésitation, Simone Weber a une explication :

– Je voulais simplement rendre service à Bernard. J'ai fait faire ce certificat.

Le président saisit la balle au bond :

– Mais, madame Weber, il aurait très bien pu en faire de son côté autant. Vous vous rendez compte de sa situation encore plus embarrassante, si l'entreprise avait reçu deux certificats ?

Le sous-entendu est clair : *Simone Weber savait qu'il n'y aurait pas deux certificats.* Là, elle reste silencieuse.

Ce qui est rare.

Il faut bien entrer dans le vif du sujet. Qu'est devenu Bernard Hettier ? Le président Pacaud, pas à pas, reconstitue l'idylle entre Simone et Bernard.

Elle lui a demandé un jour de réparer une tondeuse mécanique ; il est venu et, rapidement, les rapports sont devenus plus intimes.

Le président :

– Quand êtes-vous devenus amants ?

– Je n'aime pas le terme « amants ». Dites plutôt « amis ». Sachez que, contrairement à [...] toutes ces femmes que vous allez entendre, je ne suis pas une dame à amants.

– Votre relation sentimentale avec Bernard Hettier s'est-elle limitée à quelques galipettes ?

– Non. Bernard était, si vous voulez, mon ami. Il était charmant, il m'offrait des fleurs, il me faisait la cour. Nous avons fait des projets d'avenir qui, malheureusement, n'ont pas duré très longtemps car, très vite, j'ai découvert qu'il y avait d'autres femmes dégoûtantes qui couraient après lui.

Et là, Simone Weber monte d'un cran. Elle décrit ces « rivales » avec haine, assure qu'elles lui « téléphonaient anonymement, avec des voix extrêmement vulgaires ». Le suivait-elle ? Oh oui, parfois, pour lui faire une surprise. C'est ainsi qu'elle avait vu un spectacle horrible, sur un parking, dans une voiture... Horrible ? Oui, car, dans cette voiture, elle ne les avait plus vus. Et puis il y avait des lettres, qui commençaient par « Mon doudou chéri »...

Bref, à force de surveillance, de filatures, d'indélicatesses, Simone Weber est certaine de son coup : Bernard Hettier était un séducteur patenté, entouré « d'un troupeau de pochardes et de déchets avec lequel il couchaillait ».

Le troupeau de « pochardes » est convoqué. Il s'agit de femmes absolument normales, qui n'ont rien à voir avec les « déchets » mentionnés. Il y a là Colette Poissy, Monique Nus, Nicole. La première raconte la dernière fois où elle a vu Bernard Hettier : « Il revenait de son travail de nuit. Il était 5 heures du matin, il sonne chez moi. La Weber m'attend en bas de chez moi avec un fusil, dans sa voiture ! Alors je lui ai dit de prévenir la police. Il m'a répondu qu'il avait honte d'avoir un peu peur d'une femme. Bernard est parti. » Colette Poissy ajoute que, selon Hettier : « Simone Weber dormait avec un pistolet sous l'oreiller, qu'elle le droguait. Par trois fois, il s'était endormi au volant de sa voiture. Un jour, il m'avait dit : "Je vais essayer de la foutre dehors." »

Là, Simone Weber s'étrangle. Elle n'en peut plus. Ces pochardes, ces traînées qui la souillent ? C'est insupportable. Elle crie :

– Cette femme est malade de la langue ! C'est elle qui a tué Bernard !

Tiens, tiens, maintenant Bernard n'est plus parti avec une « cocotte » ? Il est mort ?

Maintenant, c'est Monique Nus qui s'avance. Quand Bernard Hettier n'est pas venu pour déjeuner, elle s'est inquiétée. Elle a téléphoné chez lui à plusieurs reprises. En vain. Vers 18 h 30, elle a reçu un étrange appel :

– Un certain Raymond se présentait comme un copain de Bernard et m'a dit que celui-ci, retenu par des travaux, ne rentrerait pas le soir. J'ai demandé son nom à cet homme. Il a raccroché.

– Et plus tard ?

– Le 25 juin, j'ai reçu un autre appel, anonyme. Une voix de femme a dit : « Ne cherchez pas à nous retrouver. Je pars en vacances avec Bernard. Il vous plaque. »

Simone Weber s'emporte à nouveau. Elle laisse libre cours à son venin :

– Qui donc a drogué et tué Bernard, sinon cette Monique ? Elle n'en est pas à son coup d'essai ! Elle boit ! On a dû placer ses enfants à l'Assistance publique !

Désormais, il importe de confronter l'accusée à ses mensonges. Roger Lapierre, son cousin de cinquante-neuf ans, est appelé. Il raconte que, le 22 juin 1985, Simone Weber lui a demandé quelques menus services. D'abord, il a appelé Monique Nus en se faisant passer pour le fameux Raymond. Le lendemain, il a téléphoné à un ami de Bernard Hettier, Claude, qui savait que « Bernard se plaignait d'être drogué, harcelé, volé et espionné par Simone Weber ». À chaque coup de fil, la bonne dame de Nancy glisse à Lapierre une feuille de papier avec le texte qu'il doit réciter. Il refera la même chose avec les établissements Solvay. Mais, pris de doutes, il se rebiffe : « J'ai demandé à Simone où était Bernard Hettier. Elle m'a répondu : "Il est là-haut. Il dort." Quelques jours plus tard, elle est venue avec la meuleuse pour que j'ôte le disque. Je n'y suis pas arrivé. Je me suis demandé ce qu'elle avait bien pu faire avec un tel engin... » Néanmoins, Roger Lapierre a été serviable jusqu'au bout. Il a conduit Simone Weber à proximité de la voiture de Bernard Hettier afin qu'elle puisse être déplacée. Simone lui a dit : « Si la police retrouve la voiture, je n'ai plus qu'à me suicider ! »

Encore une fois, Simone Weber se bat :

– Lapierre était terrorisé par la police, qui a fait pression sur les témoins. Il a dit n'importe quoi pour ne pas tomber entre leurs pattes.

Nous sommes déjà le 12 février 1991. Le procès s'allonge. Place aux experts. Une douille a été retrouvée sous une armoire, chez Simone Weber. Le Pr Ceccaldi assure qu'elle provient de l'une des 22 *Long Rifle* de la dame. Pourquoi éprouvait-elle le besoin d'avoir un tel arsenal, demande le président ? « J'avais peur des armes, ça me traumatisait. Je n'aurais pas été capable de me défendre », affirme la prévenue. Néanmoins, elle avait envie de monter la garde, car sa « voiture était régulièrement massacrée ». Le président Pacaud relit les rapports, constate une anomalie. Il y a une erreur quelque part. La douille n'est pas la bonne. Les scellés ont été posés sur une autre douille. Les avocats s'engouffrent dans la brèche. Me Garaud s'emporte : « Il y a un doute énorme dans ce dossier ! » Simone tiraille ses avocats par la robe, leur murmure des instructions.

Maintenant, c'est au tour des médecins. Le premier, le Dr Deponge, a été requis pour analyser le cadavre de la Marne. Pour lui, il s'agissait d'un homme de race noire. Le deuxième, le Pr Durigon, estime que c'était un homme de race blanche, incontestablement. Évidemment – si, comme on le pense, le cadavre a été passé à la chaux vive –, la peau ne peut pas fournir de grandes indications. Le Dr Knappel, qui a procédé aux radiographies, affirme que c'est bien le corps de Bernard Hettier qu'on a retrouvé. Il martèle que les radiographies sont « compatibles » avec celles détenues par la société Solvay. Et que la « somme des similitudes » est accablante.

Soudain, un frisson parcourt la foule. Le président vient de dire :

– Monsieur l'huissier, je vais vous demander de prendre la meuleuse.

16

LA MEULEUSE

Dans un silence de cathédrale, on entend Simone tousser. L'huissier s'avance et pose sur la table la meuleuse, la fameuse meuleuse, qu'il sort d'un sac orange. Elle est plus petite qu'on ne l'imaginait. C'est une meuleuse yougoslave, de marque Perles, deux mille watts, qui pèse quatre kilos huit cents, qui tourne à six mille tours-minute et utilise des disques de deux cent trente millimètres. Elle est rouge. La qualification professionnelle est : « disqueuse à béton et à ferraille ».

Le directeur du magasin Outiqua est interrogé. Costume gris, cheveux roux – un mélange de Pierre Richard et de Harpo Marx, note un chroniqueur –, Daniel Weil, quarante-trois ans, semble se demander ce qu'il fait là. Il est de bonne composition, pourtant. Il se souvient de son étonnement quand il a vu cette grand-mère louer la machine. Car il n'a pas souvenir d'avoir jamais vu une femme s'intéresser, même de loin, à pareil instrument. Elle a payé, est partie, puis, quelques jours plus tard, Mme Weber est revenue pour déclarer la meuleuse « volée », dit-il. Moyennant quoi elle a simplement acquitté le prix de l'appareil, soit un peu plus de mille sept cent trente-cinq francs, et c'est tout. L'homme n'a pas encore terminé sa déposition qu'on entend clairement Simone Weber :

– Menteur !

Très énervée, elle tient à faire le point :

– Quand une mère de famille achète deux kilos de pain, rien ne dit qu'elle va boulotter seule les deux kilos !

L'image est un peu... décalée, mais on en a l'habitude avec « Momone ». On vérifie alors les factures. Simone Weber a loué la machine le 21 juin 1985, à 17 heures. La veille, donc, de la disparition de Bernard Hettier. Elle est revenue le 28 juin et a payé les mille sept cent trente-cinq francs sans rechigner. Ladite meuleuse a été retrouvée dans le coffre de sa voiture le lendemain de son arrestation, et les experts, en la démontant, y ont retrouvé « des croûtes brunâtres et des substances graisseuses ». Simone Weber ne voit pas pourquoi on s'acharne sur cette pauvre meuleuse qui, affirme-t-elle, devait lui servir à démonter des bacs de ciment ! « Je ne vois pas le rapport entre l'aménagement de mon jardin de Rosières et la disparition de Bernard Hettier ! » Elle se tourne vers les avocats de la famille Hettier : « Vous en faites un, vous, parce que ça vous arrange ! » Puis elle en profite pour passer un savon à Daniel Weil :

– Je vous ai réglé ce que je vous devais ! Je ne vous dois rien, est-ce clair ?

Et les disques loués avec la meuleuse, que sont-ils devenus ? C'est la partie la plus difficile du travail, explique le directeur d'Outiqua : « Pour faire cette opération de démontage, il faut une clé plate de 17 et une clé à ergots. Là où ça se complique, c'est quand les disques se bloquent. Certains hommes, même costauds, n'arrivent pas à les démonter. » Le conseil de Simone Weber, Me Garaud, intervient : « Si vous étiez consulté par un metteur en scène pour un film du genre *Massacre à la tronçonneuse*, est-ce que vous lui conseilleriez cet appareil, monsieur Weil ? » L'autre marque un silence et rétorque : « En tant que professionnel, je peux dire que ce n'est pas le meilleur engin... »

Dans son coin, comme d'habitude, Simone Weber sourit. Car un autre expert affirme qu'avec cet appareil on ne pouvait pas trancher sur une profondeur dépassant quatre centimètres et demi, « sinon on est bloqué par le carter de protection ». D'autres experts suggèrent un prédécoupage du cadavre avec un couteau électrique, facilitant ainsi l'attaque par la meuleuse. Tout cela, c'est de la théorie. Daniel Weil est plus précis. Il a l'avantage du terrain : « Il est possible, dit-il, de couper avec cet engin un arbre de trente centimètres de diamètre. » Les avocats de Simone Weber, qui croyaient tenir un argument solide, sont douchés. Rien n'est solide, chez cette femme...

Et le sang ? Un légiste balaie l'argument : « Le découpage d'un cadavre quelques heures après la mort ne provoque pas de saignement », déclare-t-il. Simone sourit de plus belle :

– Tout ça, c'est plus que tiré par les cheveux.

Pendant que les experts se succèdent, elle pique des fous rires et porte à sa bouche un mouchoir blanc. Pour dissimuler, sans doute, les réactions intempestives de sa cliente, l'avocat Garaud se lève et dit : « J'espère en tout cas qu'on va retrouver bientôt Bernard Hettier vivant. » Il s'attire une réplique immédiate de Me Lagrange :

– Allons, allons, même votre cliente n'y croit plus !

Il se passe alors l'un des ces petits événements qui indisposent tout le monde. Simone Weber fait un clin d'œil en direction de Me Lagrange. Elle est visiblement hilare. Interloqué, l'avocat laisse filer. Puis elle se reprend, efface son sourire et, l'air sérieux, dit :

– Maître, je n'admets pas qu'on me traite de

cette façon. C'est scandaleux de s'approprier un tronc et de dire que c'est Bernard Hettier !

Une fois de plus, on demande à la science de trancher. N'a-t-on pas eu recours au laboratoire Appligène pour une analyse ADN ? Certes, mais la technique, balbutiante en 1988, n'a pas permis de certitude. Et les bocaux contenant les viscères du mort de la Marne ? Ils ont été perdus entre Nancy et Paris. De nouveau, Simone Weber voit dans cette perte la marque d'un complot contre elle : sa paranoïa ne s'éteint jamais. Elle lance : « On magouille pour que la vérité ne soit pas connue. » Et elle conclut : « On déforme tout. »

Le procès prend un tour carrément déplaisant. Des experts, des experts, des experts. Quand on n'a pas de preuve, on a des experts. Ceux-là se battent sur les capacités sonores de la meuleuse, sur la possibilité qu'une « disqueuse à béton et à ferraille » soit manipulée par une faible femme, sur les conditions de l'équarrissage.

Le président lit le rapport.

– La section de l'os de veau de trois centimètres et demi a duré six secondes deux dixièmes. L'opération de découpage d'une épaule de bœuf de quarante-cinq centimètres de périmètre a duré quatre-vingts secondes. Il se produit un écartement des chairs qui permet le découpage à la meuleuse. Seule une odeur ressemblant à du cochon grillé est à noter.

C'est technique, c'est froid, destiné à faire oublier qu'un être humain a été sans doute soumis à ce traitement. On imagine ce qui se passe dans la tête de la famille Hettier : la justice, hélas, est une machine sans prévenances particulières.

Brigitte Lamoureux, la fille de Simone Weber, est en piste. Il y a quelques années, elle a affirmé que sa mère lui avait dit posséder la Carte bleue du disparu. Puis elle s'est rétractée. Le public la regarde : elle ressemble à sa mère, avec ces mêmes yeux ronds. Toutefois, la vie n'a pas été tendre avec elle : les jambes bleuies, la bouche édentée, vêtue de noir et de blanc, elle a trente-quatre ans mais n'a pas d'âge. Entre deux sanglots, elle donne sa profession, « plongeuse ». C'est la dernière-née des enfants Thuot. Pour la justice, c'est un témoin capital.

Le 30 juin 1985, huit jours après la disparition de Bernard Hettier, Simone est venue la voir dans son appartement d'Épinay-sur-Seine, où elle vivait alors avec sa fille Delphine et son mari Pascal. Celui-ci, d'ailleurs, a disparu. Il a pris la fuite. Le juge Thiel pense que c'est lors de ce séjour que Simone Weber a fait un crochet par la Marne et s'est délestée de la valise sanglante.

À la barre, Brigitte a froid. Elle respire péniblement. Elle est impressionnée. Elle dépose sur un ton monotone.

– Maman est arrivée à l'improviste le 30 juin. Ça faisait trois ans que je ne la voyais plus. On s'était disputées... Ce jour-là, on a un peu parlé. Ensuite elle a demandé à mon mari Pascal de se faire passer pour Bernard Hettier et de faire venir un médecin qu'on ne connaissait pas. C'était pour faire un certificat médical. Elle nous a dit que c'était pour que Bernard n'ait pas d'ennuis dans son travail...

D'une voix blanche, Brigitte continue :

– Maman ne répondait jamais à mes lettres.

– Et la Carte bleue de Bernard Hettier ?

– Maman m'a demandé si avec la carte on pouvait tirer de l'argent n'importe où, mais je n'ai jamais vu cette carte.

C'est là que le bât blesse. Dans ses premières dépositions, Brigitte Lamoureux avait évoqué cette carte, qui a servi cinq fois après le 22 juin.

– Alliez-vous voir votre mère chez elle ?

– Oui. Pour les vacances. Quand elle sortait, elle nous enfermait avec Delphine et débranchait le téléphone...

Drôles de vacances, tout de même. Drôle de famille. Le portrait qui se dégage est poignant : Brigitte a été délaissée par sa mère, oubliée par son père, a été malade d'asthme, a séjourné en hôpital, a fait un mariage raté, est restée seule...

L'avocat général Philippe Ker reprend :

– Aimez-vous votre mère ?

– Je l'aime mais sans plus, parce que c'est ma mère, voilà tout.

– Aime-t-elle l'argent ?

– J'ai dit qu'elle était rusée, autoritaire, et c'est vrai. Mais je n'ai jamais dit qu'elle aimait l'argent !

Puis elle se tait. Elle a besoin de Ventoline, un médicament contre l'asthme. Tandis qu'elle presse sur le petit aérosol, sa mère se dresse :

– Brigitte dit que nous ne nous étions pas vues depuis 1982. C'est faux : c'était en 1983. Même qu'elle n'était pas riche et que, pour la Fête des mères, elle m'avait envoyé des fleurs... Quant à la Carte bleue de Bernard, elle se trompe. Je lui ai simplement demandé où je pouvais me servir d'une carte, pas celle de Bernard.

Le problème, pour les défenseurs de Simone Weber, c'est qu'il faut la rendre humaine, un tant soit peu. C'est difficile. Peut-être peut-on suggérer qu'elle a une once d'amour maternel ? Ça marche toujours...

Me Robinet redemande à Brigitte :

– Votre mère, vous l'aimez toujours ?

– ...

– Vous l'aimez, n'est-ce pas ?

– ... euh... oui.

Me Garaud intervient :

– Un jour, en prison, votre mère m'a dit : « J'aime bien Brigitte. »

Le public – cent cinquante personnes – réagit devant cette façon de susciter les aveux, de diriger les sentiments. Il hue. Me Garaud est perçu comme ayant la main lourde. Devant ce désaveu de la foule, il rugit :

– C'est inadmissible, d'entendre ces hurlements ! Non, on ne va pas vous donner cette femme pour la lyncher !

Qui parle de lyncher ? Me Garaud a le verbe large.

La journée s'achève dans le chagrin. Brigitte Lamoureux s'en va en regardant sa mère. Laquelle ne lui fait pas l'aumône d'un regard, ni d'un clin d'œil. Rien. Pour elle, Brigitte n'existe pas. Dans le couloir, à la sortie, Brigitte, égarée, sent une main sur son épaule. C'est son père.

La guerre du Golfe accapare l'attention. Tous les jours, les bombardements sur Bagdad sont au cœur de l'actualité. Simone Weber elle aussi est en train de concentrer tous les regards sur elle. Peu à peu elle a pris possession du procès, avec furie. « Engoncée dans son manteau et sa rancune, le museau furieux, avec ses yeux qui menacent et fusillent, Simone Weber a réussi à imposer sa personnalité », écrit Pierre Bois dans *Le Figaro*. En effet, les policiers ne lui mettent plus les menottes, le président ne l'interrompt plus, elle hausse le menton et défie l'univers. Cette femme, selon le journaliste, est « un bloc compact de méchanceté ». Pierre Bois, qui a une longue expérience, écrit encore : « On repousse l'image de Simone Weber, seule dans son logement, prenant à bras-le-corps un homme de soixante-quatorze kilos et d'un mètre soixante-dix-huit, et en quelques secondes, sectionnant une tête, deux bras, deux jambes, remplissant au fur et à mesure des sacs-poubelle de couleur noire... »

On a convoqué l'ami de Bernard Hettier, Bernard Dupré, le fameux coiffeur. Celui-ci n'a pu se déplacer, mais son témoignage est lu devant la cour : « À l'époque, je vivais chez Bernard Hettier. Il m'hébergeait. Le 17 mars 1985, Simone Weber est passée. Bernard semblait assez distant. Quand elle voulait l'embrasser, il la repoussait. Elle semblait très jalouse. Elle lui reprochait d'avoir une autre femme. Bernard Hettier répétait qu'elle mettait de la drogue dans son café. »

Maintenant, c'est Didier Nus qui comparaît.

– Bernard Hettier était l'amant de ma mère. Nous ne pouvions pas ignorer qu'il avait une liaison avec Simone Weber : elle nous importunait, téléphonait sans cesse. Bernard savait que, s'il devait lui arriver quoi que ce soit, ce serait à cause d'elle. Elle lui avait dit qu'elle le tuerait.

Une fois de plus, le même scénario se reproduit.

Simone Weber se lève comme une furie et, de sa voix nasillarde, crie : « C'est moi qu'on assassine ! » avant de traiter Didier Nus de menteur, de voleur, et d'affirmer qu'il frappait sa mère.

Au fil des jours, la mise en plis de Simone Weber a-t-elle l'air moins impeccable ? Son chemisier blanc est-il moins repassé ? Toujours est-il que la balance, inexorablement, semble pencher en sa défaveur. Elle conspue ses avocats – « des incapables ! » – grogne contre tout le monde, s'en prend aux témoins, au public, aux policiers : « C'est inadmissible ! Monsieur le président, c'est impensable ! On me laisse mourir en prison dans cinq mètres carrés alors que dehors les voyous cavalent ! » Elle se rend insupportable. Et ce défilé de témoins, c'est d'un monotone...

Finalement, un témoin intéressant ! Suzanne Bouas, une vieille dame qui habite au 164, avenue de Strasbourg, a vu une scène curieuse. Nous sommes le 23 juin 1985, Bernard Hettier a disparu depuis vingt-quatre heures. Suzanne Bouas promène son chien après avoir regardé le film sur RTL-TV. Il est alors 23 h 15. « J'ai vu madame Weber entrer chez elle avec un homme plus petit qu'elle qui portait une valise beige foncé. Le lendemain, j'ai remarqué un monceau de sacs-poubelle devant chez elle. Si j'avais su ce qu'il y avait dedans, j'aurais tâté. » Elle insiste : « J'ai reconnu l'homme. Il avait quarante-cinq ans environ, et Simone me l'avait déjà présenté comme son cousin... »

Qui est cet inconnu ? Roger Lapierre ? Aurait-il prêté main-forte à un moment ou à un autre ?

Sentant que le vent ne tourne pas en sa faveur, Simone Weber – pour une fois – se retranche dans le silence. C'est bienvenu : franchement, on en a assez d'entendre ses invectives, cette agressivité, cet acharnement. Tandis que de nouveaux experts se penchent sur le cadavre de la Marne, parlent de probabilités, de détails osseux, d'anomalies vertébrales, Simone s'endort. Le Pr de Ren, spécialiste en médecine légale, prend la parole : « Nous avons nettoyé et disséqué les os du tronc du cadavre de la Marne. C'était vraiment barbare. La taille du mort est facile à calculer à partir de coefficients multiplicateurs appliqués à trois mesures de l'omoplate : il faisait entre un mètre soixante-cinq et un mètre quatre-vingt-cinq. Or Bernard Hettier mesurait un mètre soixante-dix-huit. Le bassin ? Concordances très grandes. Aucune différence radiographique du bas-ventre. C'est superposable. La septième vertèbre présente la même anomalie, de même que la dixième : une séquelle de la maladie de Scheuermann, qui aboutit à une hernie intraspongieuse légère... Tout cela est identique. » Simone Weber ouvre l'œil, se rendort, se tasse dans son siège. Quand elle se réveille enfin, sa mise en plis est défaite. À l'issue de la dix-neuvième journée du procès, elle n'a qu'une phrase, qui deviendra célèbre :

– Tout ça, c'est à faire rire un tas de cailloux !

17

INTERVIEW DE SIMONE WEBER PAR CHRISTOPHE HONDELATTE (5)

– Les journalistes...

– Aussi crapuleux les uns que les autres !

– Moi je trouve, à la lecture de tout ce qui a été écrit, que beaucoup de journalistes sont fascinés par vous ! Certains ont même, manifestement, un élan pour vous, voire une certaine tendresse...

– Je n'en ai pas rencontré.

– Pourquoi ne pas les avoir poursuivis, alors ?

– Il y en a contre lesquels je voulais porter plainte. Les premiers avocats que j'ai eus m'ont laissé être enterrée. Quelqu'un qui ne se rebiffe pas, qui n'est rien, qui vit dans ses quatre murs vides avec une folle qui était vraiment une folle, accusée de choses comme ça, vous savez, on est perdue, on est traumatisée. Et quand votre avocat vous dit : « Non, surtout pas... » J'avais écrit à

Garaud, qui est devenu mon avocat. Il demandait trois millions pour se déplacer. J'avais déjà payé quarante mille francs à Robinet en l'espace de deux mois, et comme il n'avait pas reçu cette provision Garaud ne venait pas. Il venait voir Jean-Marie Villemin à côté, mais il ne me voyait pas. J'écrivais à ma banque, où j'avais un placement d'argent, qu'on veuille annuler mon placement pour que je puisse retirer de l'argent pour mes avocats. Et on ne me répondait pas. Comme si on était mort, vous savez. On n'existe plus du tout quand on est là, on est mort. On dit : « Elle a eu beaucoup d'avocats. » Et mon avocat, vous savez ce qu'il m'a répondu ? « Madame Weber, je ne suis pas votre femme de ménage. »

18

AFFAIRES DE FAMILLE

Qui se soucie des victimes ? Comme d'habitude, celles-ci sont laissées à leur peine. Depuis plus d'un mois, ainsi, les filles et les sœurs de Bernard Hettier subissent les mensonges de Simone Weber, ses invectives. Patricia Hettier, enfin, parle. Cette femme blonde, au visage aigu, revit toute la terrible affaire. Elle décrit son père : « Il n'est pas du tout l'homme à femmes qu'on raconte, comme si on voulait le salir après l'avoir supprimé. Il a eu des maîtresses, et alors ? Il ne buvait pas. C'était un ouvrier très consciencieux, et pour moi un père très attentif. Il venait me voir une fois par semaine ou bien je lui téléphonais... »

En mai 1985, Patricia Hettier constate que son père est moins disponible, qu'il semble s'éloigner. Il répond plus rarement, s'absente de son domicile, oublie l'anniversaire de sa fille. Que se passe-t-il ?

« Il ne m'a jamais dit qu'il avait peur de Simone Weber et cherchait à la fuir. Il m'a juste confié qu'elle le harcelait. » En juin, Patricia Hettier sent que les choses dérapent. Elle s'inquiète : « J'ai eu comme un pressentiment. Je n'arrêtais pas d'appeler chez lui sans obtenir de réponse. J'ai pris ma voiture et je me suis rendue à Maxéville à 21 h 30. Je me souviens, il pleuvait à torrents. Des voisins, en face, m'ont demandé qui j'étais. J'ai répondu que j'étais sa fille. Ils m'ont fait entrer chez eux et m'ont dit : "Vous ne savez pas ? Il est parti avec Simone Weber, cette femme qui vient tout le temps le rechercher." »

Le lendemain pas de nouvelles, dit-elle. Elle appelle l'entreprise Solvay. Rien. Elle va au commissariat. L'accueil est nonchalant : « Attendez un peu. » Patricia Hettier sent qu'un malheur a pu arriver. Quelques semaines plus tard, alors que l'enquête du juge Thiel est en route, elle est laissée dans l'obscurité : « J'ai vu le juge deux fois en tout et pour tout. Et encore, sur ma demande. J'ai couru les hôpitaux, les cimetières, je suis allée dans le bois de Foug, j'ai pensé que si elle séquestrait mon père il fallait bien qu'elle lui achète à manger, mais elle n'allait dans aucun magasin d'alimentation. Je me disais c'est louche, mais j'avais l'impression que personne ne voulait m'écouter. »

Pour Patricia Hettier, ce procès est un cauchemar. Chaque audience est terrible. Quand le Dr Deponge décrit comment il a procédé, c'est affreux. Le légiste précise que ce corps « n'a pu être découpé au couteau ni à la scie égoïne, à cause des sections trop parfaites, mais avec un engin comportant un disque à découper du fer ou du béton ». Il insiste : « Je n'ai pas eu, depuis que j'exerce, un seul débitage à la tronçonneuse, mais je sais que ça donne de très mauvais résultats. Ça déchire, ça mâchouille, et ça ne donne pas quelque chose de net. La meuleuse, en revanche, a des disques qui tournent très vite, à la condition qu'on utilise des disques à couper, pas à polir. » Simone Weber interrompt cet exposé et, impassible, lance : « Comment expliquez-vous que l'on n'ait pas retrouvé la peau ? Pensez-vous qu'il a été dépecé ? » Là, Patricia Hettier sombre dans une horreur inimaginable. On évoque son père comme Me Vergès en a parlé : un bout de viande. Elle est bouleversée. Son père n'a même pas de sépulture... Elle sanglote.

L'expert ne s'arrête pas en si bon chemin. Il explique les degrés de putréfaction. Comment la mesure-t-on, cette putréfaction ? « Grâce au travail des insectes. » Ah ? Décrivez. « Ben si vous êtes une mouche, ce sont les yeux et le nez qui vous attirent... »

Patricia Hettier s'effondre. Il y a de quoi.

C'est au tour du peintre en bâtiment, M. Beaumont, de venir. Il parle de la couleur bleue de la maison de Marcel Fixard, qu'il a repeinte en 1979 : « Je n'aime pas le bleu, mais j'obéis aux goûts de mes clients. J'ai fait le travail en vitesse et, du coup, un peu de peinture a coulé sur les parpaings qui se trouvaient au bas de la façade. On m'a dit que ça n'avait pas d'importance. »

Loïc Le Ribault, un autre expert, qui se vante d'avoir un échantillonnage de quarante mille grains de sables différents, affirme que le sable trouvé sur les parpaings lestant le corps de la Marne provient de Rosières-aux-Salines. Simone Weber répond sur un ton plaintif, ce ton qu'elle affectionne : « Alors, parce qu'il y a des grains de sable et je ne sais pas trop quoi, je suis ici depuis un mois ? Je ne fais pas partie de ceux qui coupent des gens en morceaux pour les mettre dans une valise. » Personne ne la croit. L'étau se resserre.

Il se resserre d'autant plus que la première épouse de Bernard Hettier, Georgette Vinchelin, donne un détail intéressant. Le mariage a duré de 1957 à 1967, et deux enfants sont nés : Patricia et Valérie. Cette femme de cinquante-cinq ans, digne et simple, aide soignante à Hyères, précise que, en effet, son mari avait une cicatrice sur l'abdomen. L'avocat Garaud s'engouffre : « De l'appendicite ? » Georgette Vinchelin répond : « Je n'ai jamais su ce qu'était cette cicatrice. Mais elle existait. Je l'ai vue, je l'ai touchée... »

Visiblement, dans son box, Simone Weber enrage. Quand on la confronte sur ce sujet – cicatrice ou pas de cicatrice ? – elle crache, venimeuse :

– Voyez-vous madame, je n'ai pas les mains baladeuses, moi !

Monique Goetz, la sœur de Bernard Hettier, décrit comment Simone Weber était « une sangsue » ; Pierre Goetz, son mari, raconte la visite de l'appartement de Strasbourg, avec son carrelage bizarrement décapé. Mais Simone Weber ne s'en laisse pas conter : « Vous devriez vous faire refaire les lunettes ! C'est vous qui êtes sales ! » Elle injurie, une fois encore, la famille Hettier : « Sorcières ! Entremetteuses ! On n'a pas été élevées ensemble avec les cochons ! »

Mais qu'est-ce qui la met dans cet état-là ?

Patricia Hettier est invitée à conclure le jeudi 21 février 1991 : « Cela fait cinq ans que mon père a disparu, cela fait cinq semaines qu'on le salit ici. Mon père était formidable. Il était gentil, il rendait service à tout le monde et c'est ce qui l'a perdu. Sa dernière hantise, c'était Simone Weber. Elle dit qu'il est parti en vacances avec une valise. Hélas, le seul voyage qu'il ait fait, c'est dans cette valise... »

L'émotion est forte, ce soir-là.

Le lendemain, les voitures sont au programme. Pourquoi Simone Weber a-t-elle posé de nouvelles plaques d'immatriculation sur la voiture de Bernard Hettier ?

– Il n'avait pas les papiers dans sa voiture. Je les ai découverts dans le pare-soleil, plus tard. J'ai donc fait des plaques au numéro de la mienne, pour ne pas avoir d'ennuis sur la route.

– Certes, mais le numéro final était faux.

– C'est une erreur commise par un ouvrier. J'ai corrigé avec des bandes adhésives.

– Pourquoi avoir emmené cette voiture à Cannes, dans un box loué sous un faux nom ?

– Parce que la famille Hettier avait fait du chambard chez moi. Je ne voulais pas qu'ils fassent la même comédie à Cannes.

Le président se tourne vers Madeleine Weber.

– Pourquoi avez-vous détruit le chéquier et le passeport de Bernard Hettier, trouvés dans la voiture ?

– Ma sœur me l'a demandé.

– C'est interdit.

– On fait les choses dans la vie sans le vouloir et, après, elles apparaissent ridicules.

Le procès tourne à l'aigre pour Simone Weber. Personne ne trouve grâce à ses yeux. Et personne ne semble l'aimer, même parmi ses proches. Curieuse famille, quand même... Finalement, le rôle de défenseur est dévolu à François Thuot, son fils, trente-six ans. Très énervé, il s'agace contre les photographes. Il demande, *il exige* qu'on lui garantisse la tranquillité. Là, le président Pacaud, retrouvant son autorité de président d'une cour d'assises, rétorque : « Je n'ai pas à vous garantir quoi que ce soit. » La passe d'armes est sévère. François Thuot se dresse sur ses ergots :

– Je suis très fier de ma mère, qui m'a élevé dans de très bonnes conditions. Je n'ai rien à lui reprocher.

Enfin, un peu de sentiments humains ! François Thuot a été employé au Sénat de Berlin et, de loin, il semblait en froid avec sa mère. C'est d'ailleurs ce qu'il a déclaré aux policiers qui l'ont interrogé aux débuts de l'affaire. Le président Pacaud le met en face de ses contradictions. François Thuot nie : « Le juge a l'art de transformer vos pensées », dit-il. Comment ? « J'ai été tabassé », dit-il. Tabassé ? mais c'est grave, il faut tirer cela au clair... « Non, non, juste quelques gifles », dit-il. Placé dans une situation intenable, se contredisant, François Thuot décide de ne plus rien dire. Il veut s'en aller. Ulcéré, l'avocat général, Philippe Ker, sort de sa réserve. Il demande une confrontation avec le juge Thiel, les policiers et François Thuot. Les avocats de la défense agitent leurs manches. Le brouhaha est à son comble. Quand il retombe, François Thuot est parti.

Le président lit encore une lettre que Simone

Weber a adressée à Bernard Hettier : « Mon cœur devra-t-il toujours être en morceaux ? J'ai si mal aimé pour être encore volée et dupée. Qu'ai-je fait dans mon amour ? »

Cette lettre-ci vaudra, sans doute, un regard charitable sur l'accusée. Personne n'imagine qu'elle vaudra aussi les circonstances atténuantes.

19

LA DERNIÈRE LIGNE DROITE

Le week-end est là. Chacun rassemble ses pensées. Le procès touche à sa fin. Le public est sensible au venin de Simone Weber, à ce fiel qui lui sort par tous les pores. Ce sourire condescendant qu'elle adresse à ceux qui la contredisent, ce manque élémentaire de pitié ou de sentiments, tout parle contre elle. Elle mêle les insultes aux plaintes, les récriminations aux coups de gueule, elle insiste sur son honorabilité, à laquelle plus personne ne fait crédit : « Je suis honorable, répète-t-elle. J'ai éprouvé des malheurs, je suis d'une autre condition que ces gens-là ! » Quels gens ? Les autres, « qui sont des pourris, des sagouins. J'ai une morale, moi »...

Là, Simone Weber a raison. Elle a une morale, en effet. Une morale qui n'est pas celle de tout le monde, et qui la conduit à survoler l'humanité d'un regard de mépris total. Pierre Bois dira d'elle que c'est une « petite fille détestable » qui a viré « mégère sordide ». Le président Pacaud a beau ressasser les lettres d'amour de Simone Weber, rien n'y fait. Elle a écrit à Bernard Hettier, le 2 août 1982 : « Moralement, c'est le grand désordre. Je me suis efforcée de vouloir faire taire mon angoisse, mais la souffrance de cet abandon a gagné et me revoilà ici. Je n'aurais pas pensé qu'à cet âge, on puisse à nouveau tant aimer et tant souffrir. » Dans une autre lettre, du 25 novembre 1982, elle se lamente : « Non, je ne peux plus croire en rien. Dieu ne peut pas exister et mon âme est prête à vivre le pire. » Décidément, Simone Weber se prend pour une héroïne romantique. Elle se voit avec la crinoline au vent, le pied posé sur les falaises de l'océan, face à l'immensité de l'amour solitaire... Ce chromo de carte postale ne lui convient pas très bien : on a peine à l'imaginer en Scarlett O'Hara.

Le président Pacaud cherche, quand même, à donner une dimension à cette passion fiévreuse. Il lui demande :

– C'était de la passion ?

Et là, surprise. Cette pudibonderie que Simone Weber a manifestée tout au long du procès l'a entièrement gagnée. Elle n'a pas couché, elle a juste noué amitié. Elle n'est pas une « traînée » qui fait des « galipettes ». Elle répond :

– Non, ce n'était pas de la passion, c'était de

l'attachement. C'était de partager toutes les choses de la vie avec quelqu'un, voir un film ensemble...

– Mais vous avez employé le mot « aimer » ?

– Aimer, aimer, aimer... Il n'y a pas de degré, on peut aimer tout simplement.

– Vous avez cependant éprouvé un sentiment très fort ?

Décidément, Nicolas Pacaud, président de la cour, y tient, à son roman à l'eau de rose ! Pour un peu, il inciterait Simone Weber à nous tricoter une histoire digne de Barbara Cartland ! Mais « Momone » y répugne :

– Non. Moi, vous savez, je ne suis pas une femme à avoir trente-six hommes. Quand un homme me délaisse, je considère ça comme une tromperie grave. Je n'irai pas jusqu'aux menaces. Mais pour moi, je pense que c'est très grave de duper les autres.

Me Weltzer, pour la famille Hettier, observe ces échanges avec une pointe d'incrédulité. Il se souvient de sa conviction, à cette époque-là : « Elle a signé son crime. Le 22 juin 1985, alors que personne ne sait où est Bernard Hettier, elle fait téléphoner à Monique Nus par Lapierre pour dire : "Il ne rentrera pas ce soir." Il n'y a qu'elle qui sait qu'il ne rentrera pas. Parce qu'elle l'a tué. » Tout le monde le pense. Reste à trouver un mobile. Le président Pacaud vient d'en fournir un : le dépit amoureux. Me Glock, qui défend Simone, dresse alors le bilan : « Tous ces éléments et témoignages se sont imbriqués et il n'y avait aucune possibilité de penser qu'elle était innocente. D'ailleurs, j'ai eu l'impression que son attitude a changé, qu'elle a dû comprendre que les carottes étaient cuites, archi-cuites. »

Son comportement, pour tout le monde, reste le même. Rigide, aigre. Les contradictions ne la freinent pas, la mauvaise foi la guide. « Demandez-lui simplement l'heure, écrit Pierre Bois, et elle vous répondra que sa montre, comme par hasard, est en réparation, qu'elle en a perdu le ticket et qu'elle ne se souvient même plus à quel horloger elle l'a confiée. » C'est un mode de fonctionnement. Simone Weber est une menteuse chronique. Ses à-peu-près, elle les explique simplement : « J'étais très perturbée après la disparition de Bernard Hettier, je me sentais comme désossée. » La formule, évidemment, n'est pas très heureuse.

On revient un moment sur l'histoire de la voiture déplacée à Cannes. Paul Lombard, qui défend la famille Hettier, demande innocemment : « Il y a tout de même quelque chose d'incompréhensible dans votre conduite. À partir de juillet 1985, tout le monde recherche Bernard Hettier. Son amie, ses filles, un enquêteur dans l'intérêt des familles vous joint [*sic*] au téléphone, bientôt la police judiciaire. Cela, vous ne l'ignorez pas. Mais vous vous taisez. Vous êtes la seule à ne pas le rechercher et, bien au contraire, vous êtes la seule à rendre l'enquête impossible. » Simone Weber est fatiguée. Peut-être va-t-elle craquer ? Mais non : « Ça, c'est votre façon de présenter les choses, maître. Moi, je vous dis que je voulais que Bernard garde sa situation. J'ai fait ce faux pas dans un but qui n'était pas malsain. En 1985, j'avais le cœur qui battait à une vitesse épouvantable. J'avais mal partout. Je pensais qu'il pourrait m'arriver de mourir. Et quand les policiers sont venus chez moi, j'ai été traumatisée. Je n'ai répondu à rien car j'étais dépouillée de ma personnalité. »

Au fond, tous ces mensonges sont de bonne guerre. Simone Weber se défend bec et ongles. L'ennui, c'est que l'enquête du juge Thiel, si minutieuse ait-elle été, n'a pas abouti. Quelques années de plus et l'accusée aurait été immanquablement découverte, ou innocentée. En effet, il aurait suffi de Luminol – ce produit qui réagit à la présence du sang humain, même lavé à grande eau – pour déceler la moindre gouttelette dans la cuisine, ou sur la meuleuse. De même, la technique de l'analyse ADN aurait permis de retrouver – ou pas – le sang de Simone Weber, car, semble-t-il, elle s'est coupée aux mains ; la même analyse aurait donné une identité au corps de la Marne, voire aurait décelé les traces de la personne qui a manipulé la valise. Et ainsi de suite... En 2005, l'enquête aurait été bouclée en quelques semaines. À l'époque, cinq années n'ont pas permis d'avoir une certitude inébranlable. François Moulin, journaliste qui a couvert le procès, explique : « Il n'y a pas d'aveu et, en droit pénal, l'aveu c'est la reine des preuves. Ensuite, il n'y a pas de cadavre complet, mais une série d'éléments à charge qui ont été accumulés par le juge... » Sera-ce suffisant pour faire condamner Simone Weber ? Un doute subsiste. Mince, très mince, mais quand même...

Le procès touche à sa fin. Les journalistes récapitulent les grands points de « Madame Bigoudis », comme la surnomme Denis Robert, le journaliste de *Libération*. On recense les éléments apparus dans le dossier de l'instruction : qu'est devenue la lettre recommandée que, soi-disant, Bernard Hettier a été retirer à la poste ? Il n'y en a pas trace. Quelles sont ces courses que Simone Weber a faites au supermarché, le 22 juin ? Le magasin n'en a aucune trace non plus. Que sont devenus les sacs-poubelle aperçus par le couple Haag ? Quid de la Carte bleue de Bernard Hettier, qui a servi à faire des retraits après sa disparition ? Et cet évier que Simone Weber décrit comme « bouché », et qui a servi de prétexte à attirer

Bernard Hettier chez elle ? Quand les policiers sont venus, il était débouché... Et que penser de ses arguments, quand elle dit : « Vous me pensez assez imprudente pour trimballer un tronc putréfié et dégoulinant pendant une semaine, alors qu'il me suffirait de l'enterrer ou de le noyer une fois pour toutes ? » Ou quand elle reprend : « Vous me croyez assez folle, dans le cas où j'avais l'idée de tuer Bernard, pour le faire dans cet appartement où je suis épiée par tant de monde, alors qu'à Rosières j'ai une petite maison tranquille ? » Joue-t-elle avec les nerfs des jurés, ou bien est-elle sincère ? Une idée se glisse : au fond, pourquoi n'aurait-elle pas été aidée ? Par un homme ? Me André Weltzer revient sur ce soupçon : « En se rendant le 22 juin 1985 chez son cousin Roger Lapierre pour qu'il se fasse passer pour Bernard Hettier, Simone Weber a signé son crime », dit-il. Roger Lapierre a-t-il juste été le serviteur zélé de Simone ? À quel moment exact est-il intervenu ?

Quand Anne-Lise Bloch, l'avocate de la famille Hettier, prend la parole pour la partie civile, Simone Weber affiche un petit air sardonique. Me Bloch commence : « Je ne ferai pas un réquisitoire. Je défends la mémoire d'un mort. La voix d'une famille qui ne cherche pas vengeance mais, dignement, la vérité. » Elle dresse un bref portrait de Bernard Hettier, et glisse : « Qui êtes-vous, Simone Weber ? Diabolique ou pitoyable ? Avez-vous une âme ? » Simone Weber ne se départ pas de son sourire. L'avocate poursuit calmement, évoque la disparition de Catherine, la fille de Simone Weber. Là, cette dernière sort de ses gonds : « Vous allez laisser ma fille tranquille ! Salir les morts, vous n'avez donc de respect pour rien ? » Et Anne-Lise Bloch de conclure : « Il suffit de vous regarder pour comprendre que, si le diable existe, vous lui avez vendu votre âme. » Là, Simone Weber glousse. Elle est décidément bien comique, cette petite avocate avec ses cheveux blonds tirés !

Joël Lagrange, l'avocat de la famille Fixard, s'avance à son tour. Pour lui, l'ex-militaire allait apprendre qu'il était marié sans son consentement. Simone Weber lui a injecté de la digitaline : « Il a eu une mort lente et annoncée », dit-il. Il décrit un univers constitué d'un nombre incroyable de visites chez des médecins, de consultations de notaires, de ventes de voitures sans patente commerciale, d'héritages captés. C'est impitoyable.

Paul Lombard, pour la famille Hettier, base son attaque sur une question logique : « À qui profitent ces crimes ? Qui a intérêt à tuer ? » Il n'y a pas besoin d'en dire plus sur ce sujet. Il résume : « Il y a dans cette affaire à la fois sordide, banale et extraordinaire, une logique du crime à laquelle Simone Weber n'a pas échappé. Elle a toujours voulu sortir de la misère et de la médiocrité par tous les moyens, et c'est ce qui l'a amenée à tuer Marcel Fixard. Elle a certainement aimé passionnément, avec un rare besoin de possession, Bernard Hettier, et il s'est dérobé. Après l'avoir aimé à la folie, elle l'a haï de la même manière. Deux ans de traque à noter ses déplacements, à voler son courrier, son carnet de chèques, à le suivre, à relever même son kilométrage de voiture à quatre-vingts reprises. Simone Weber a écrit : "Je vais faire payer l'autre." C'est du domaine de l'aveu. Elle a écrit également : "Mon cœur est en morceaux." Et puis, la veille de la disparition de Bernard Hettier, le 21 juin 1985, elle a loué une tronçonneuse, comme par hasard, avec cinq disques à découper... »

L'avocat relève, avec une ironie appuyée, les « hasards » de cette affaire. « Hasard, dit-il, si les voisins ont entendu : "Je vais te tuer !" Hasard, ce bruit d'aspirateur entendu le 23 juin. Hasard, si Simone Weber descend quinze sacs de plastique lourdement chargés. Hasard, si une meuleuse a été louée la veille. Hasard, ces plaies aux mains dont un dermatologue jugera qu'elles ont été provoquées par la chaux... »

Paul Lombard relève vingt-huit points de concordance. A-t-on besoin d'en entendre plus ?

Paul Lombard poursuit donc sur un autre terrain : « J'aurais aimé entendre de la part de l'accusée je ne sais quel cri de délivrance ! Ah ! Comme ces débats auraient pris un autre tour ! Nous aurions suivi cette descente aux enfers ! » Il se tourne vers Mamie Nova : « Vous n'êtes pas un mannequin médiatique. Vous êtes une femme de cœur et de sang. Vous détestez la médiocrité et vous aspirez à l'amour. On vous a dépeinte comme une diabolique. Moi, je vous rends votre âme. »

Pourtant, le président Pacaud enfonce encore le clou. Il s'adresse à Simone Weber :

– Chez vous, au cours d'une perquisition, dans une boîte de chocolats, on a retrouvé des chèques appartenant à Bernard Hettier, et sur une feuille de papier divers essais imitant sa signature.

– C'est Bernard qui les avait placés là. Il voulait être sûr d'avoir des chèques à sa disposition. Il était assez tête en l'air.

– Mais les fausses signatures ?

– On peut faire des signatures sans vouloir voler.

– Dans le dossier, nous avons retrouvé une lettre de vous, où vous proposez à votre sœur de transférer votre compte d'épargne sur son propre compte. Vous écrivez à votre sœur : « Ce soir, je veux faire payer à l'autre ce qu'il m'a fait. On m'a pris pour un con [*sic*]. Je suis plus intelligente que ça ! »

– Il y a des moments où on est un peu débile. Je devais être en colère contre quelqu'un. Qui ? Je ne sais plus.

Simone Weber écoute, écoute, en tripotant la petite croix qu'elle porte sur la poitrine. Le président insiste un peu :

– Ce n'est pas vous, madame, qui avez utilisé la carte bancaire de Bernard Hettier le 3 août à 23 h 15 ?

– Pensez-vous ! Je ne suis pas une personne à aller se promener la nuit et à traîner à des heures pareilles...

On entend alors un avocat – lequel ? – murmurer :

– Évidemment, en général, à cette heure-là, Simone Weber lessive, nettoie et descend ses sacs-poubelle.

C'est au tour de l'avocat général, Philippe Ker, qui est resté plutôt discret pendant tout le procès. Il reprend, point par point, l'accusation : « Simone Weber possède une personnalité riche, forte, passionnante, extraordinaire », dit-il. L'accusée se rengorge. « On ne peut pas la réduire à des étiquettes comme "la Weber", ou "la diabolique". Elle est animée par une haine farouche qui lui a fait commettre l'irréparable, dit-il encore. Je ne tiens pas à ce qu'elle réapparaisse prochainement parmi nous, ici à Nancy ou ailleurs, car elle conserve en elle ce venin rentré. »

Il évoque son « potentiel de dangerosité » et, pendant quatre longues heures, récapitule les vingt-huit charges qui pèsent sur elle. D'ailleurs, constate-t-il, « En un mois et demi d'audience, pendant lequel Simone Weber s'est contentée d'insulter les témoins, les policiers, les experts et même la famille de la victime, en ce mois et demi, Simone Weber a fait le procès de la justice plutôt que de répondre au sien ! » Il enchaîne : « Depuis un mois et demi, nous jouons comme à Guignol, à guichets fermés. Il est indéniable que Simone Weber est apparue affabulatrice, menteuse, amnésique ; le malheur veut qu'elle soit consciente de ses actes. Elle ne peut bénéficier d'aucune circonstance atténuante... »

Il termine en demandant la réclusion criminelle à perpétuité, assortie d'une période de sûreté de dix-huit ans pendant laquelle Simone Weber ne pourrait bénéficier d'aucune des dispositions concernant les permissions de sortir, la semi-liberté ou la libération conditionnelle.

Simone Weber a écouté patiemment. Elle se gratte la tempe, plie ses lunettes, hoche la tête. Puis son sourire s'agrandit. En partant, elle rit franchement. Elle est certaine, absolument certaine que les carottes ne sont pas cuites. Qu'elle va être libérée séance tenante.

Ce 26 février 1991, elle remonte dans le panier à salade et plaisante avec son avocat : « J'espère, dit-elle, que la semaine prochaine à la même heure, on ira boire un verre place Stanislas. »

20

CONDAMNÉE

Cinq hommes et quatre femmes entrent dans la salle. Ce sont les jurés. Ils prennent place sur leurs bancs : il y a là une étudiante de vingt-cinq ans, un retraité de la SNCF, des gens normaux. Les visages sont las, les regards un peu fixes. C'est la trente et unième audience, la dernière. On sent une sorte de tension dans l'air, mais aussi un curieux relâchement : ce sera bientôt fini.

Les jurés ont fort à faire. Le président Pacaud leur a adressé trente-cinq questions. Simone Weber, dans le box des accusés, est coudoyée par sa sœur plus mince, moins présente aussi. Les bigoudis défaits, le visage néanmoins plein de défi, Simone Weber attend. Me Henri Garaud, son défenseur, est un homme d'expérience. Il va droit au but : « Moi, sur les trente-cinq questions que le tribunal vous pose, je m'intéresse à la une et à la dix. La première, c'est : Simone Weber est-elle coupable d'avoir, à Nancy, le 22 juin 1985, donné la mort à Bernard Hettier ? La dixième, c'est : Simone Weber est-elle coupable à Rosières-aux-Salines d'avoir volontairement attenté à la vie de Marcel Fixard ? À ces deux questions, vous n'avez pas le droit de dire oui, et je m'explique... »

En effet, Me Garaud explique. Il y a trop de « peut-être » dans cette affaire, dit-il. Il y a trop de « roman ». Simone Weber n'a pas pu faire ça toute seule : « Et pourquoi le cousin Roger Lapierre ne l'aurait-il pas aidée ? » Le tronc de Poincy ? « Le tronc de la providence... » La disparition ? « Je connais un magistrat qui a disparu il y a vingt ans... » Les experts ? « Allons-y pour les experts... » Il demande aux jurés de faire la part des choses : « Qu'est-ce que c'est, ce réquisitoire de l'hypothétique et de la démesure ? Si vous condamnez celle-là à la peine demandée, qu'est-ce que vous ferez contre les assassins d'enfants ? Les Cardon ? Les Recco ? Les tueurs de flics ? Souvenez-vous que Mesrine n'a été condamné qu'à vingt ans ! Il faut savoir ça ! » Ce qui signifie, en gros, qu'on peut tuer, démembrer quelqu'un, et que c'est moins grave qu'être Mesrine. Un bandit déclaré est plus coupable qu'une mamie bouchère. Me Garaud poursuit : « Bien sûr, ce n'est pas une sainte... » L'idée, certainement, n'a traversé personne. « ... La philosophie de Simone Weber s'appelle le stoïcisme. Supporte et abstiens-toi ! Dans ce dossier, on a fait du mauvais roman. Du

SAS. Mais enfin, si elle avait été coupable, vous ne croyez pas qu'elle aurait fait le ménage ? »

L'ennui, c'est que justement, elle l'a fait. Mais Me Garaud est lancé : « Souvenez-vous de Dreyfus et de Villemin. Choisissez ce chemin de la paix, comme nos soldats, dites non aux questions posées. Non, Simone Weber n'a pas tué... Et demain, après-demain, vous serez heureux. »

Personne ne peut soupçonner l'avocat Garaud de manquer de lyrisme. Il boit une gorgée d'eau.

Mais c'est faire abstraction de Simone Weber elle-même. Comme l'a dit Me Lombard, elle est « une Pénélope de la justice ». Car, à chaque audience, elle défait par ses propos le travail de ses avocats. Il suffit de la laisser parler. « Madame, demande le président Pacaud, avez-vous quelque chose à dire pour votre défense ? » Elle parle donc.

Elle dit : « Je ne suis pas un mur de glace. Ce n'est pas vrai. Quand j'ai rencontré une pauvre détenue en prison, j'ai écrit une lettre à un avocat pour s'en occuper. Et puis, quand le procès a commencé, j'ai vu à la télé que c'était le début de la guerre en Irak. J'ai pensé à nos pauvres soldats. J'ai dit merci Mon Dieu pour nos soldats... » Mais de quoi parle-t-elle ? Elle reprend : « Quant à moi, ce qu'on me fait, c'est tout de même très grave. J'ai été déportée à Metz, j'ai été entraînée comme une Juive pendant la guerre, comme un animal. J'ai été jetée dans un fourgon comme un vulgaire tas, un paquet de linge sale. »

L'image passe mal. Alors Simone Weber se tourne vers le président Pacaud : « J'ai confiance en vous, monsieur le président. » Elle ajoute : « Mon cœur bat à quatre-vingt-dix, c'est comme pour Marcel Fixard. » De sa voix plaintive, agaçante, on l'entend citer Albert Camus : « Je ne crains pas la justice divine, car j'ai connu celle des hommes », ce qui est une façon de dire qu'elle se défie du tribunal. Et, aussi, de montrer que cette fausse enseignante de philosophie a des lettres. Elle savoure. Enfin, on l'entend dire : « On veut voler ma vie. » Madeleine Weber pleure. La séance est levée.

Dehors, le brouillard couvre la place Stanislas. Les gens attendent. Il y a là des avocats, des journalistes, des curieux. Les commentaires s'échangent, on prend même des paris. Une baraque à frites, un peu plus loin, fait des affaires. Patricia Hettier, anxieuse, marche. Elle se fait insulter par un homme qui est certain de l'innocence de Simone Weber. Un policier glisse aux badauds : « On ne peut pas dire qu'on se soit ennuyé, ici, pendant tout ce temps... » On commente surtout l'évanouissement de Simone Weber, dans le fourgon cellulaire. Me Garaud a glissé, en fin de séance : « Elle veut apitoyer les gens. » Elle fait semblant ? Elle est transportée à l'hôpital où, dit-on, « son état n'inspire aucune inquiétude ».

Le temps passe. Onze longues heures s'écoulent. Simulatrice ? Probablement. Me Robinet revient sur cette période : « Son attitude ne m'a pas surpris. Je savais qu'elle serait comme ça. Simone Weber a une particularité : elle donne parfois l'impression d'être sincère, puis dans son regard vous lisez une lueur de jubilation. Elle vous a eu ! Et tout s'écroule. C'est sa faiblesse. »

Le soir tombé, on reconduit Simone Weber en ambulance. « Comédie ! » s'exclame un réanimateur, un brin agacé. Simone Weber, allongée sur une civière, ouvre un œil et lance à sa sœur : « Tu entends ce que dit ce sagouin ? » Pantelante, elle est portée par deux policiers. Quand elle pénètre dans la salle, le président Pacaud la regarde, et déclare : « J'ai dit "faites venir les accusées". Je n'ai pas demandé que Mme Weber soit amenée dans cet état. » À ces mots, cette dernière s'affaisse comme une poupée de chiffons. On l'emporte, apparemment évanouie. Retour à l'hôpital. Il est 22 h 30.

En l'absence de l'accusée, donc, le président lit les trente-cinq questions et les trente-cinq réponses. Oui, elle a tué Bernard Hettier. Non, elle n'a pas tué Marcel Fixard. Oui, elle a soustrait la voiture de Bernard Hettier. Oui, elle lui a volé sa Carte bleue. Oui, elle a fait usage de faux, oui elle a détenu des explosifs, oui elle a fabriqué un faux testament...

Elle est condamnée à vingt ans de réclusion criminelle.

Les jurés lui ont trouvé des circonstances atténuantes.

C'est à l'hôpital qu'un huissier viendra lire le verdict à Simone Weber. En chemise de nuit, couchée, Simone Weber interroge alors le messager :

– Alors ? Comment c'était ?

– Ben, vous avez été condamnée à vingt ans, mais ils n'ont pas retenu la préméditation.

– Et la foule ?

– Rien de spécial, ç'a été calme.

Elle propose un bonbon à l'huissier. Il refuse.

Patricia Hettier, elle, est abasourdie. Quel jugement étrange ! Il n'y a donc pas de préméditation, quand on loue une meuleuse la veille d'un meurtre ?

« Je me suis effondrée, j'étais outrée. Pour moi, lui avoir laissé des circonstances atténuantes, ne pas la reconnaître coupable de la mort de son faux mari... Pour papa, ne prendre que vingt ans ! Et encore, ce n'est que de la réclusion, c'est-à-dire qu'il y aura des remises de peine, il ne faut pas se leurrer. Je suis déçue. Je suis déçue parce que je trouve qu'elle s'en sort trop bien et, pour moi, je n'ai pas obtenu ce que j'aurais voulu : qu'elle paie son geste, qu'elle paie pour l'atrocité qu'elle a faite. Pour moi, dans ma tête, je me dis : "Quand elle sortira, je la tue, je lui saute dessus !" Pour moi, elle ne méritait plus de vivre. À nous, elle nous a cassé la vie. Finir ses jours en prison... C'était une trop belle fin pour elle, à la limite. »

D'où sortent ces « circonstances atténuantes » ?

De la supposée passion exprimée dans les lettres. Car, en France, c'est bien connu, le crime d'amour suscite une certaine indulgence.

Crime d'amour ?

Le juge Thiel, lui, aura une réaction plus mesurée : « Quand j'ai appris que Simone Weber avait été condamnée, je me suis dit : c'est bien. Pas parce qu'elle a vingt ans de réclusion criminelle, mais bon... Des jurés, une collégialité, ont eu la même vision que moi des choses et, quelque part, c'est une espèce de... je ne vais pas dire de "soulagement"... mais quand même, quand même. Après tout ce qui a été dit, après tout ce qui a été fait, je me suis dit : "Je n'avais pas tout faux !" »

Non, le juge Thiel n'avait pas tout faux. Il a surtout percé Simone Weber à jour. Selon lui, « elle se croit invincible. Elle pense pouvoir berner tout le monde ». Qui est-elle ? « Elle n'est pas intelligente, mais rusée. Elle est surtout extrêmement menteuse. Elle vit dans le mensonge. Elle ne peut s'empêcher d'en rajouter, alors que le silence aurait pu être sa meilleure défense. »

Ce jour-là, le jour où Simone Weber entre pour une éternité à la prison Charles-III de Nancy, l'opération « Tempête du désert », en Irak, s'achève.

21

ÉPILOGUE

L'affaire Weber aura marqué durablement les esprits. Comment cette petite femme a-t-elle pu... ? On ressasse l'éternelle question. Et on pense à la famille Hettier, brisée.

Les années vont passer, pour Simone Weber. Dans sa cellule, elle annonce, en 1991, qu'elle va faire appel. Qu'elle écrira des mémoires. Il ne sortira rien. Ce qu'elle fera, en revanche, c'est déposer systématiquement des demandes de remise en liberté, et elle stockera en secret, dans sa cellule, des médicaments. Ses enfants ? Ils ne viendront pas la voir, sauf François, son préféré. Deux mois après le verdict, elle est passée au civil : elle a été de nouveau condamnée, mais cette fois-ci à une peine pécuniaire. Elle devra verser vingt-cinq mille francs à chacun des quatre enfants de Bernard Hettier ; quinze mille francs aux deux sœurs, et cinquante mille francs aux parties civiles. Elle devra aussi restituer à la Caisse d'assurance des travailleurs l'ensemble des pensions de veuve perçues grâce à son faux mariage avec un militaire en retraite. En janvier 1992, le pourvoi sera rejeté par la Cour de cassation : « C'est comme un coup de fusil », dit-elle alors.

En mars 1993, une discrète cérémonie a lieu au cimetière de Charmois-l'Orgueilleux. Bernard Hettier est enfin en terre. Patricia fait déposer une plaque : « À mon papa disparu. »

Simone Weber a été libérée en novembre 1999. En janvier 2002, elle est invitée à l'émission « Vie privée, vie publique » de Mireille Dumas. Massimo Gargia, célébrité de la *jet-set*, avise cette dame, la regarde et lui dit : « Avouez. Avouez et vous aurez une vie beaucoup plus excitante, des bijoux gratuits, tous les hommes à vos pieds, moi le premier ! » Sur le plateau, l'hilarité est générale. Certains rires provoquent la honte.

Cette fois-là, devant le poste de télé, c'est le cas.

22

INTERVIEW DE SIMONE WEBER PAR CHRISTOPHE HONDELATTE (6)

– Comment allez-vous ? Ça fait un peu moins de trois ans que vous êtes libre, que vous avez recouvré votre liberté.

– À peu près mieux, mais c'est très dur de se retrouver pourtant en famille avec ma sœur. Mon fils venait de Berlin me voir, il me téléphone constamment, mais on sort de là vraiment démolie. Pas par le traitement qu'il y a là-bas : je ne jetterai pas la pierre à la détention de Rennes, au contraire, les surveillantes sont exemplaires, vraiment très bien. Celles qui ont été des criminelles, si elles voulaient, elles pourraient s'en sortir ; mais c'est quand même très dur parce que quand vous passez tant d'heures enfermée dans quelques mètres et que vous vous trouvez dehors, je ne sais pas comment vous dire, au début, je ne pouvais même pas me lever. D'ailleurs, je suis rentrée en très très mauvais état : j'étais dans une chaise roulante.

– À Cannes, vous vivez en anonyme ? Ou les gens de votre quartier savent qui vous êtes ?

– À part le président du tribunal que j'ai vu cette semaine, et quand, avant l'émission de Mireille Dumas, ils ont passé pendant presque deux semaines, plusieurs fois par jour, « l'Affaire Simone Weber », ma propriétaire, qui habite la résidence, téléphone à ma sœur et dit : « C'est votre sœur qu'on voit à la télé ? » Comme personne ne savait dans cette résidence assez bourgeoise – ma sœur me dit toujours : si ça se savait, ah là là ! –, elle lui a répondu vaguement et me l'a dit. Elle m'a retéléphoné à moi le lendemain matin : « Madame Fixard, vous faites partie des journalistes à l'émission qu'on nous présente ? – Non, je suis Simone Weber. » Je pense qu'elle a apprécié que je lui dise vraiment sans tergiverser et elle est venue après : « Si vous voulez, on l'enregistrera. » Parce qu'elles savent que j'habite dans la même maison et que je n'ai pas de magnétoscope et elles ont enregistré.

– Ça cancane dans votre dos ?

– Non. Dans une boutique de parfums à Lille, une femme a tiré son mari en voyant ma sœur et a dit : « C'est la personne qu'on a vue à la télé. » Il a été parler à ma sœur et je ne sais plus ce qu'il m'a dit. Moi, je lui ai dit : « Vous me connaissez ? – Oui, de la télé. » Très souriant, très gentil.

– Vous ne sentez pas d'animosité des gens à votre égard ?

– Pas du tout. Remarquez, les gens ne m'en parlent pas. Si... Mon libraire, très gentil, quand j'avais donné une interview, il l'a vue. Il m'a dit : « Mais vous êtes dans la presse ! » Je lui dis : « Ah bon ? – Mais si ! Regardez ! » Et il avait l'article.

– Vous aimez vivre dans l'anonymat, ou ça vous ennuie d'être mise régulièrement sur le devant de la scène ?

– Mise sur le devant de la scène dans des conditions aussi déplorables, qu'on me traite de monstre, de diabolique, et toute l'horreur qu'on invente d'un crime qui n'existe pas, là, ce n'est pas acceptable, vous devenez fou. C'est vraiment incroyable, impossible à vivre. Autrement, non, je n'ai pas peur de la vie. J'ai été attachée régionale à la Shell-Chimie ; j'ai été présidente du Comité vérité-justice pour l'Alsace. On m'avait proposé la direction du *Journal des commerçants de l'Alsace* et j'ai été vice-présidente nationale. Donc je n'ai pas peur.

– Simone Weber, avez-vous tué votre ancien amant Bernard Hettier ?

– Premièrement, il n'était pas mon amant. Deuxièmement, je n'ai pas tué cet homme-là et pour cause... Moi, je suis d'ailleurs toujours persuadée qu'il est vivant. C'était un homme malheureux du fait de ses mauvaises relations avec sa famille. Ses enfants – il en a eu quatre de deux mariages –, il ne s'est jamais occupé d'eux. Ils ont été abandonnés. Il ne payait même pas les pensions alimentaires quand ils étaient petits. C'était un homme malheureux. Moi, je l'ai vu à trois reprises pleurer à sanglots comme un enfant. Une famille tellement désunie... Sa maman l'adorait et, à l'enterrement de sa maman, les quinze jours qui sont venus après, il n'y en a pas une qui lui aurait téléphoné, prendre de ses nouvelles, rien, rien.

– Aujourd'hui, dix-sept ans après, vous dites « je suis innocente » ?

– Je suis innocente, oui. Pourquoi je l'aurais tué ? Ce n'était pas une affaire d'intérêt, je ne lui ai jamais dû un seul centime. Au contraire, quand il ne pouvait pas payer les traites de sa voiture, il m'a demandé plusieurs fois de lui avancer de l'argent.

– Il n'y a pas de mobile ?

– Il n'y a aucun mobile. Pas jalouse puisqu'il n'y avait pas... Il m'a fait la cour quand on s'est rencontrés dans un magasin où je voulais acheter une tondeuse. Je le connaissais des années 1966 parce que sa compagne était une collègue à moi, pour une société de Nantes. Donc, on s'était vues avec ma collègue plusieurs fois, lui avec, et on s'est retrouvés là tout à fait incidemment.

– Ça existe, le crime passionnel...

– J'ai rencontré ça à la maison d'arrêt de Nancy.

– Ça peut être un mobile, tuer un homme parce qu'il est parti avec une autre femme...

– Vous savez, moi, même si j'étais en adoration

devant un homme, déjà que je n'ai rien d'une femme passionnée, le tuer... Vous ne vous rendez pas compte ! Tuer quelqu'un, ça doit être... Et puis, comme ils ont inventé : lui couper la tête, les bras, les jambes... mais c'est la Gestapo ! C'est pire que la Gestapo ! Ils veulent faire concurrence à Hitler ! Il n'y a pas à dire autrement !

– Le jour où vous partirez...

– ... dans l'autre monde ?

– ... emporterez-vous un secret ?

– Non. J'irai retrouver mes enfants.

– Aucun secret ?

– Non.

– Vous avez tout dit ?

– Oui. Je n'aurais pas mené cette bagarre-là si je n'avais pas été innocente, et j'en suis d'autant plus convaincue [*que*] j'ai l'intention de faire une demande en révision.

– Reste-t-il aujourd'hui un élément à exploiter ?

– L'élément qui peut être exploitable, c'est que la science génétique a beaucoup progressé et qu'il serait possible, sans être affirmatif, de trouver le code génétique du tronc.

– Vous souhaitez qu'on déterre ce corps pour vérifier ?

– Oui. Quand je pense que la justice a rendu cet être-là à cette famille, et que ce n'est pas le leur, il n'y a rien de plus ignoble ! C'est la Gestapo ! C'est vraiment une honte pour la justice en leur faisant croire... En allant dans leurs simagrées, puisque ce sont des gens qui se battent, qui vivent d'histoires, qui se contrôlent, des gens de la haine... Vous voyez, j'ai été massacrée. Voilà.

L'interview est terminée. Simone Weber lève ses yeux bleus, ronds, rajuste son col, puis dit :

– Vous ne couperez pas les choses essentielles, dites ?

TABLE DES MATIÈRES

Seconde partie

LE PROCÈS

Direction littéraire
Huguette Maure
assistée de
Maggy Noël

Composition PCA
44400 – Rezé

Impression réalisée sur CAMERON par

BRODARD & TAUPIN
GROUPE CPI

La Flèche

pour le compte des Éditions Michel Lafon
en septembre 2005

Imprimé en France
Dépôt légal : septembre 2005
N° d'impression : 31639
ISBN : 2-7499-0330-0
LAF : 742